学科核心素养背景下的中职英语课堂教学与评价

刘海霞 著

外语教学与研究出版社
北京

图书在版编目（CIP）数据

学科核心素养背景下的中职英语课堂教学与评价 / 刘海霞著. -- 北京 ：外语教学与研究出版社，2023.12

ISBN 978-7-5213-4984-9

Ⅰ. ①学… Ⅱ. ①刘… Ⅲ. ①英语课－教学研究－中等专业学校 Ⅳ. ①G633.412

中国国家版本馆 CIP 数据核字（2023）第 242615 号

出 版 人　王　芳
责任编辑　武春华
责任校对　刘欣颜
装帧设计　锋尚设计
出版发行　外语教学与研究出版社
社　　址　北京市西三环北路 19 号（100089）
网　　址　https://www.fltrp.com
印　　刷　北京天泽润科贸有限公司
开　　本　710×1000　1/16
印　　张　11.5
版　　次　2024 年 1 月第 1 版　2024 年 1 月第 1 次印刷
书　　号　ISBN 978-7-5213-4984-9
定　　价　46.00 元

如有图书采购需求，图书内容或印刷装订等问题，侵权、盗版书籍等线索，请拨打以下电话或关注官方服务号：
客服电话：400 898 7008
官方服务号：微信搜索并关注公众号“外研社官方服务号”
外研社购书网址：https://fltrp.tmall.com

物料号：349840001

前言

为进一步加强职业教育国家教学标准体系建设，深化中等职业学校公共基础课程改革，提升人才培养质量，2017 年教育部启动中职十门公共基础课课程标准研制工作。本次课程标准研制以习近平新时代中国特色社会主义思想为指导，落实《国家职业教育改革实施方案》（国发〔2019〕4 号）关于“将标准化建设作为统领职业教育发展的突破口”等要求，促进人才培养模式的转变，着力发展学生核心素养，落实立德树人根本任务。本次课程标准制定，立足中等职业教育实际，充分挖掘中职公共基础课程的独特育人价值，凝练了各学科核心素养，明确了学生应达成的正确价值观念、必备品格和关键能力。随着中等职业学校公共基础课程标准颁布，核心素养成为中职公共基础课程改革的关键概念，教育研究者与一线教师开始积极探索如何通过公共基础课程教育教学发展学生的学科核心素养，落实立德树人根本任务。

英语课程是中等职业学校各专业必修的公共基础课程，具有重要的育人价值。《中等职业学校英语课程标准（2020 年版）》指出，中等职业学校英语课程的任务是在义务教育基础上，帮助学生进一步学习语言基础知识，提高听、说、读、写等语言技能，发展中等职业学校英语学科核心素养。课堂教学是英语课程育人的主阵地。发展学生英语学科核心素养主要通过课堂教学实现。基于学科核心素养的中职英语课堂教学涉及英语课程的方方面面，包括课程目标、课程内容、课堂教学设计与实施、课程资源建设以及测评等。这些问题也是中职英语教学研究者及一线教师最关心的问题。本书在深度研读课程标准及教学实践的基础上，选取落实课程标准中部分关键问题进行展开讨论。

首先，本书是在梳理相关国际组织提出的核心素养框架的基础上，论述了核心素养培养对于人才培养的重要意义，阐述了核心素养的内涵、中职英语学科核心素养的构建过程，以及学科核心素养的提出对于中职英语课程改革的重要价值。

其次，本书基于学科核心素养的课程目标与课程内容，明确了课程目标与课程内容是落实学科核心素养的前提条件，重点论述了以发展学生学科核心素养为目的的英语课堂教学的路径，提出了基于学科核心素养的单元整体教学设计的观点，并说明如何在深度研读语篇，分析单元内在的认知线与学科知识线的基础上，开展单元整体教学设计，创新课堂教学发展学生学科核心素养。

本书还关注了基于学科核心素养的测评工具的开发。发展学科核心素养不仅需要与之相适应的课堂教学予以落实，还需要相应的测评作为检测学生学习成果的工具。根据学科核心素养的内涵，本书尝试提出了基于 ECD 设计框架的测试命题思路以及测评流程，并使用科学的工具对已经开发的试题进行了评估与验证，希望为中职英语基于学科核心素养的测评提供参考。

最后，本书对今后中职英语课程及教育发展的趋势进行了展望，为教师们更好地适应中职英语课程改革提供了参考建议。

北京市对外贸易学校的许雅婷老师、吕文萍老师，北京市求实职业学校的夏孟老师，北京市电气工程学校的刘宏老师等为本书提供了案例。外语教学与研究出版社的贺伟华、武春华编辑为本书的编写和出版付出了心血。笔者向所有为本书编写和出版做出贡献的人员表示衷心的感谢！

由于时间和水平有限，本书的编写一定存在不足之处，恳请广大读者和同仁批评指正。

刘海霞

2023 年 12 月

目录

第一章

英语学科素养的提出及意义

第一节

核心素养提出的背景与意义

一、核心素养提出的背景

在全球化、信息化与知识社会的背景下，各国综合国力的竞争变得越来越激烈，已经从过去表层的生产力水平竞争，转化为深层的以人才为中心的竞争。在这种国际格局下，很多有识之士都认识到，国力强大的关键在科技，其实质在人才。为此，加强经济的发展，提升公民的素养，逐渐成为世界各国发展的共同主题。在这一国际背景下，各国教育改革都无法回避的核心问题是：在 21 世纪的社会，应该培养学生具备哪些最核心的知识、能力、情感和态度，才能使学生顺利地融入未来社会，才能让学生在满足个人需要，实现个人发展的同时，服务社会健康发展？

因此，核心素养的研究开始成为教育研究领域关注的重点问题。核心素养的研究开始于 20 世纪 90 年代。很多国际组织与国家面对时代发展与社会变革的挑战，开始对如何培养适应新时期社会发展需要的人才进行积极探索。随着信息技术的出现及快速发展，各个领域发生了巨大的变革，不同的国际组织与国家对教育改革的理解虽然各不相同，但都不约而同地聚焦在核心素养的研究。正是在这样的背景下，一种新型的人才观逐渐形成，它要求未来的教育应该致力于培养具备 21 世纪核心素养的人才。

二、国外关于核心素养的研究

全球范围内，很多国际组织与国家都针对核心素养进行了深入的研究并形成了丰富的研究成果。下面我们对几个比较有影响力的国际组织和国家构建的核心素养体系进行简单介绍。

（一）联合国教科文组织的核心素养体系

联合国教科文组织的核心素养体系是在一个不断演进、逐步完善的过程中形成的。1972 年，联合国教科文组织发布了《学会生存》报告。报告倡导以终身教育和学习型社会理念引领教育改革，同时指出教育的目的是使人学会完善自己。报告中提出的终身教育概念具有时代进步意义。1996 年，联合国教科文组织在《教育：财富蕴藏其中》一书中指出 21 世纪公民必备的四大核心素养为学会求知、学会做事、学会共处、学会生存。之后，2003 年又提出“学会改变”的教育主张，最终形成以终身学习和发展为目标的五大核心素养（见表 1）。

表 1　联合国教科文组织终身学习五大支柱及其具体指标体系

五大支柱	指标	内涵
学会求知	1. 学会学习 2. 注意力 3. 记忆力 4. 思维品质	它超越了教材和课堂教学中学到的相关知识，包括个体在社会化过程中了解的各种社会关系，习得民族文化价值观念、学会遵守社会行为规范，培养学生追求真理的科学精神。
学会做事	1. 职业技能 2. 社会行为 3. 团队合作 4. 创新进取 5. 冒险精神	它意味着将所学的知识应用到实际问题的解决过程，培养职业技能，强调为迎接知识经济社会的挑战而学习应对变化的综合能力（如创新、交流等），突出从实践和人际互动中培养行为技能。
学会共处	1. 认识自己的能力 2. 认识他人的能力 3. 同理心 4. 实现共同目标的能力	学习和了解自身，尊重他人、他国、其他民族文化，学会关心，学会分享，学会平等对话，通过协商解决矛盾或冲突；学会通过合作达成团队的共同目标，获得相应的社会活动经验。
学会生存	1. 促进自我精神 2. 丰富人格特质 3. 多样化表达能力 4. 责任承诺	反映了教育和学习的根本目标，它包括个人适应社会所需要的情感、精神、交际、合作、审美、体能、想象、创造、批判性精神等方面，以实现人相对全面而充分的发展。

续表

五大支柱	指标	内涵
学会改变	1. 接受改变 2. 适应改变 3. 主动改变 4. 引领改变	指个人不仅要学会接受及适应改变，也要以实际行动回应变化的环境，主动引领改变，成为改变的主体，学习不仅可以适应改变，也能引起改变。

（二）经济合作与发展组织的核心素养体系

经济合作与发展组织（Organization for Economic Cooperation and Development），简称"经合组织"，于1997年启动了"素养的界定与遴选：理论和概念基础"的项目（Definition and Selection of Competencies: Theoretical and Conceptual Foundations），从跨学科的角度探讨了核心素养问题，并在分析个人生活及社会发展需求的基础上提出一组核心素养要素，形成核心素养体系，共包含三大类要素，即能互动地使用工具、能在异质社会团体中互动及能自主地行动（见表2）。从经合组织构建的核心素养体系可以看出，经合组织更关注个人的发展及社会发展的需要。经合组织针对核心素养的研究程序及建构的核心素养体系成为其他国际组织、国际及地区开展核心素养研究的重要参考。继经合组织提出核心素养并开展核心素养研究后，世界上一些发达国家与地区，例如，美国、英国、澳大利亚、新加坡、日本等，也都启动了关于核心素养的研究。

表2　经济合作与发展组织提出的核心素养维度与具体内容

核心素养维度	核心素养具体内容
能互动地使用工具	互动地使用语言、符号及文本的能力 互动使用知识与信息的能力 互动使用科技的能力
能在异质社会团体中互动	与他人建立良好关系的能力 合作的能力 控制与解决冲突的能力

续表

核心素养维度	核心素养具体内容
能自主地行动	在复杂大环境中行动的能力 设计人生、规划人生与个人计划的能力 维护权利、利益、限制与需求的能力

（三）欧盟的核心素养体系

2002年，欧盟工作报告首次提出核心能力（Key Competencies）的概念。报告指出应通过终身学习发展一些新的基本能力：IT能力、外语能力、技术文化、创业精神及社会技能。这些能力成为欧盟核心素养体系的基础。2005年欧盟委员会在反复论证与修改的基础上向欧洲会议和欧盟理事会提交了8项核心素养建议案，并于2006年12月18日通过。欧盟提出的核心素养体系由8项素养组成，包括使用母语交流（communication in the mother tongue）、使用外语交流（communication in foreign languages）、数学素养与基本的科学技术素养（mathematical competence and basic competences in science and technology）、数字素养（digital competence）、学会学习（learning to learn）、社会与公民素养（social and civic competences）、主动意识与创业精神（sense of initiative and entrepreneurship）、文化意识与表达（cultural awareness and expression）（见表3）。欧盟核心素养体系的提出为欧盟教育确定了以素养为核心的教育目标并引领了欧盟各国的课程改革。

表3　欧盟核心素养体系的维度

欧盟核心素养体系的维度（2006年12月）	
使用母语交流 使用外语交流 数学素养与基本的科学技术素养 数字素养	学会学习 社会与公民素养 主动意识与创业精神 文化意识与表达

除联合国教科文组织、经合组织、欧盟等国际组织外，美国、日本、澳大利亚、新加坡等国家也都提出了自己国家的核心素养体系。通过对这些国际组织与国家提出的核心素养概念进行对比分析发现，这些组织与国家提出的核心素养都包含了契合个体与社会的发展需求的共同要素。首先，各国研究者通过提出核心素养的概念强调了“以人为本”的教育理念，指出教育的根本目标应该是促进人的全面发展。因此，旨在培养学生核心素养的教育不仅包括知识的传授与能力的培养，还应包括对学生价值观念、心理素质等方面的教育，强调通过教育帮助学生形成自身可持续发展及作为公民与社会协调发展的能力。其次，各国际组织与国家提出的核心素养都需要依靠课程体系进行培养。各国际组织与国家在提出核心素养内容框架的基础上，均建构了与之匹配的课程体系，支撑核心素养的培养。例如，芬兰根据核心素养内容指导课程内容的选择、组织与实施，形成了指向学科核心素养的课程体系。最后，核心素养的培养需要质量监控体系作为保障。联合国教科文组织在提出核心素养之后，提出了基于核心素养培养的教育质量框架，美国也通过颁布《2002—2007 年战略计划》和《2007—2012 年战略规划》为核心素养教育目标提供了法律保障。

三、国内关于核心素养的研究

目前，我国正处于从人力资源大国向人力资源强国迈进的过程中，如何通过教育教学促进学生核心素养的发展，使学生具备终身发展的能力，顺利适应社会发展的需求，是当前我国教育教学改革的重点内容，也受到了教育研究者的高度关注。许多研究者对国外研究者已经提出的核心素养体系进行了讨论，如褚宏启、李艺、柳夕浪等分别讨论了核心素养的本质与内涵，同时，也对构建我国核心素养体系提出了思考，尤其是对我国核心素养应包含哪些关键素养提出了建议。例如，褚宏启指出核心素养应是关键素养而非全面素养，应反映个体需求，更要反映社会需求；核心素养应为高级素养而非低级素养或基础素养等本质特点。李艺等指出可以从三个层次把握核心素养的内涵，即以基础知识和基本技能为核心的底层，以问题解决指向为核心的中间层，以学生在解决问题中逐步形成的思考问题、解决问题的思维方法和价值观为核心的最上层。另外，刘磊等也提出了建构中国学生发展核心素养的原则与方法等。

2014 年教育部颁布的《全面深化课程改革落实立德树人根本任务的意见》（以下简称《意见》）指出要研究并提出各学段学生发展核心素养体系，明确学生应具备的适应终身发展和社会发展需要的必备品格和关键能力，突出强调个人修养、社会关爱、家国情怀，更加注重自主发展、合作参与、创新实践。2016 年林崇德团队针对核心素养开展研究，通过研究国际组织与主要国家核心素养框架和我国传统教育中人才培养的主要要求，以及分析社会与民众对核心素养的期盼与需求，提出中国学生发展核心素养框架。林崇德教授指出，中国学生核心素养发展的框架包括“自主发展”“社会参与”“文化基础”三大领域，表现在“学会学习”“健康生活”“责任担当”“实践创新”“人文底蕴”“科学精神”六个指标（见图 1）。

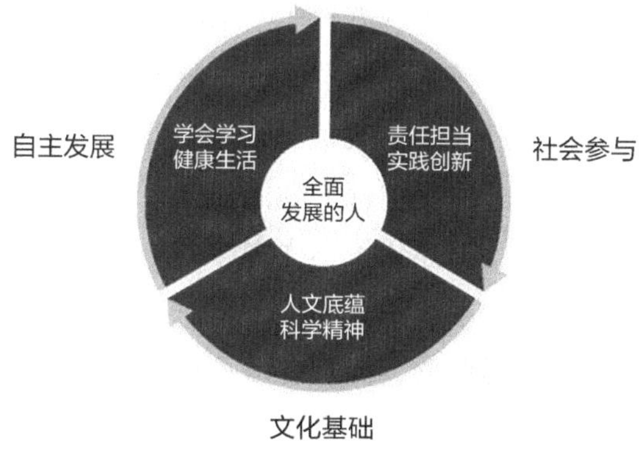

图 1　核心素养体系总框架

辛涛等指出核心素养的含义比能力的意义更宽泛，既包括传统教育领域的知识和能力，还包括学生的情感、态度和价值观。学生核心素养体现促进人的全面发展，适应社会需要这一要求。核心素养的获得是为了帮助学生成长为一个健全的个体，并为其终身发展奠定基础。

四、核心素养对教学的影响

自 2014 年《意见》首次提出核心素养这一概念以来，核心素养就成为我国教育改革的重要内容，深化中国学生发展核心素养指向“全人教育”的教育理念成为我国教育改革的方向。对于未来的人才培养，我们不再单纯要求知识学习，更侧重对学生综合素质的培养。发展学生学科核心素养是新时代课程改革，落实立德树人根本任务的重要理念，全面引领着我国各级各类教育的改革与发展。

首先，核心素养的提出强化了课程的育人价值与功能。传统的课程观比较关注学科知识的学习及学科知识体系的构建。教师不断改进自己的教学方法，学生非常努力地学习，最终目标都是为了掌握更多的知识。但是，随着社会的发展，人们逐渐意识到要适应社会的发展，仅仅依靠掌握一定数量的知识是不够的，还需要具备更多与社会发展相匹配的素质，例如创新能力、合作能力、文化素养等。过于关注知识学习的课堂不仅不能帮助学生具备更好地满足社会需求的能力，还可能因为在教学过程中缺少思维训练等，限制了学生思维能力与创新能力的发展。核心素养的提出明确了立德树人背景下教学改革的方向，使教学更加清晰地指向核心素养的培养。从教学实践层面看，核心素养的提出为教师确定了正确的教学目标和任务，调动教学元素来服务学生全面发展，将教学上升到教育层面，彰显了课程的育人功能。

其次，核心素养的提出强化了学生在教学中的主体地位。教与学的关系一直以来都是教学改革的重点内容。田慧生指出深化课堂教学改革是十多年来新课改一直强调的，但现在改革进入全面深化阶段以后，课堂教学改革的重点和核心在哪里？答案是教与学关系的根本性调整。核心素养明确了课程教学的目标是促进学生的全面发展，这也意味着教学效果要通过学生分析问题、解决问题的能力水平与行为表现来呈现。因此，教学中学生的主体作用能否充分发挥就成为影响教学效果的关键要素。虽然学生在教学中的主体地位已经在一定程度上得到重视，但以学生为主体的课堂教学模式还没有普遍建立，课堂教学也还没有实现由教师讲授为主向学生学习为主转变。随着核心素养的提出，学生在教学中的主体地位将更加凸显，以学习为主线的教学设计将更加普遍。教学将会为学生提供更多主动参与学习活动的机会，使教学过程真正成为学生分析问题、解决问题的过程，从而实现学生知识、能力与价值观念的全面提升。

最后，核心素养的提出强调了实践教学的重要意义。当教学以培养核心素养为目标时，教学的各个环节就需要根据培养核心素养所需要的条件实施教学改革，其内容应包括教学关系的改变、教学内容的选择与组织、教学活动的设计与实施、教学评价的设计与实施等，这些内容都要以核心素养的培养为出发点。传统的教学关注知识的传授与学习。因此，无论是教学内容的呈现还是教学活动的组织都是以知识为核心，侧重知识的学习。例如，传统课堂偏爱讲授式的教学方式，因为这种方式在传输知识上更加高效。但这类教学方式导致教学内容与解决实际问题脱节，学生的学习过程缺乏真实情境与动手实践的机会，学生很难通过学习全面提升自身对问题的认识及分析问题、解决问题的能力。因此，要培养学生的核心素养就必须加强理论与实践的联系，加强学科内容与实际生活的关联，通过创设真实的情境与任务，将学科内容放置在真实情境中，让学生在学习过程中动手动脑，运用所学来解决真实问题，从而实现核心素养的发展与提升。

第二节

中职英语学科核心素养

一、中职英语学科核心素养的建构过程

林崇德指出核心素养是学生在接受相应学段教育的过程中，逐步形成的适应个人终身发展和社会发展需要的必备品格与关键能力。从核心素养的概念可以看出，核心素养是在学生接受各学段教育的过程中形成的，需要有相应的课程体系予以支撑。国内与国外核心素养研究的成果

也反映了课程建设对核心素养培养的重要性。邵朝友等通过研究国外核心素养培养的路径发现，各国均认同核心素养的培养要通过课程实现，但是各国在处理核心素养与课程体系关系时方法各有差异。处理二者关系主要有两种方式：一种是“一对总”，即每个学科都承担所有学科核心素养的培养；另外一种是“一对分”，即每个学科有针对性地承担部分核心素养的培养。我国研究者在探索核心素养的培养路径时主张采取“一对分”的处理方式。虽然各学科都在学生核心素养的发展方面发挥着不可或缺的作用，但因为各学科在教学内容、教学方式等方面都具有各自的特点，也存在一定的局限性，很难实现对学生核心素养的全面培养。因此，在核心素养背景下，基于每门学科的自身特点，探索学科自身的育人价值是当前教育改革的重要课题。

2017 年教育部启动中等职业学校英语课程标准研制工作。2020 年《中等职业学校英语课程标准》（以下简称《课程标准》）颁布并提出了中职英语学科核心素养。中职英语学科核心素养的凝练不仅充分研究了英语学科本身的育人特点及育人价值，更重要的是对中国学生发展核心素养体系进行了详细地分析，选定了中职外语学科能够承担的核心素养培养任务。通过对中国学生发展核心素养的三大方面六个核心素养进行分析，确定中职英语课程着重培养学生人文底蕴、科学精神、责任担当、实践创新、学会学习和健康生活等核心素养。具体而言，人文底蕴侧重通过英语学习、理解、运用英语知识和技能等帮助学生形成基本的外语交流能力、情感态度和价值取向，包括人文积淀、人文情怀和审美情趣等；科学精神侧重在学习、理解、运用学科知识和技能等过程中培养学生具备理性思维，学会批判质疑、勇于探究等；责任担当侧重在学科学习过程中加强学生的社会责任感、国家认同感与国际理解能力；实践创新侧重培养学生运用所学分析问题、解决问题的能力；学会学习侧重根据英语学习的特点培养学生的学习意识、学习方法选择及学习进程评估调控等方面的能力。

同时，中职外语学科核心素养的凝练还充分借鉴了国际组织的核心素养框架，主要针对国际组织及国家的核心素养框架中关于语言交流尤其是使用外语进行交流能力的要求进行了分析。例如，欧盟核心素养框架中关于“使用外语进行交流”的素养被界定为“在适当范围的社会文化情境中理解、表达与解释的能力；跨文化理解、交流与协调能力”。欧盟核心素养框架对于“使用外语进行交流”素养的界定体现了语言知识与技能、文化知识、社会能力等方面的综合要求，比较全面地反映了语言学习对人的全面发展的促进作用。另外，澳大利亚的核心素养框架中关于学生使用跨文化理解和创造文本的要求也反映了语言知识与技能、文化理解、思维等方面的综合要求。

结合中国学生发展核心素养体系及国际组织与国家核心素养体系中关于外语能力的相关要求，中职英语学科不仅应促进学生使用外语进行交流能力的发展，同时，也要帮助学生在使用另外一种语言进行学习的过程中学习使用另外一种认知方法进行思维，了解另外一种或多种文化。因此，中职英语学科核心素养的凝练全面充分地体现了英语学科的育人价值。

二、中职英语学科的育人价值

2020 年教育部颁布的中等职业学校十门公共基础课程标准实现了中职公共基础课程教学的两大创新：一是凝练的各门课程的学科核心素养，强化了公共基础课程的育人功能；另外一个是明确了各门课程的学业质量标准，强化了公共基础课程的育人质量要求。其中，学科核心素养作为本次课程标准制定的核心理念引领了各门课程的目标制定、内容设计与教学实施等。与 2009 年版《中等职业学校公共基础课程教学大纲》（以下简称《教学大纲》）不同，《课程标准》除了重视发展学生的学科能力外，还强调应在课程教学中将对学生价值观念的塑造融入学科知识的学习与能力的培养，加强了学科教学对学生正确价值观念和必备品格的培养，凸显了学科的育人价值。

所谓学科育人价值就是指某个学科的课程除了使学生学习某些学科知识和发展学科能力外，还要促进学生在心智能力、情感、态度、思想品德、社会责任等方面的发展。学校所有学科都应以促进学生的全面发展为目标。但是，长期以来学科教学过度关注学科知识与学科能力的培养，弱化或忽视了学科在其他方面的教育功能。以英语学科为例，虽然英语学科兼具工具性与人文性，但是在教学中大家往往更重视英语学科的工具性特征而忽略了它对培养学生人文素养的价值与作用。因此，部分教师把语言知识与语言技能的教学作为英语学科教学的全部内容，他们认为学生学习英语的目的就是将其作为交流的工具。这一认知导致很多学生对学习英语产生了质疑，因为他们未来的工作并不是涉外岗位，不需要使用英语进行交流。实际上，仅仅把英语看作一门工具是非常片面的，它忽略了英语学科的人文性特征，没有正确理解英语学科的育人价值。

英语学科的学习不仅仅包括语言本身，还包括在语言学习过程中所获得的文化知识、科学知识。通过学习这些内容可以锻炼学生的思维品质，并引导他们树立正确的价值观。这些都是英语学科育人价值的体现，是教师在教学中应予以关注的。

三、中职英语学科核心素养的组成要素

为增强中职英语课程的育人价值，在吸纳国内外核心素养研究成果的基础上，充分考虑中职阶段英语课程在人才培养过程中的基础性、科学性、职业性及时代性作用，结合职业教育特点，《课程标准》提出中职英语学科核心素养为：职场语言沟通、思维差异感知、跨文化理解与自主学习。

（一）职场语言沟通

运用英语进行沟通交流的能力是学生学习英语课程应达成的核心能力。2017 年版的《普通高中英语课程标准》将语言能力定义为“在社会情境中，以听、说、读、看、写等方式理解和表达意义的能力，以及在学习和使用语言的过程中形成的语言意识和语感。”中职学校的英语课程与普通高中英语课程在对学生语言能力的培养方面具有共性特征，但又在语言能力的应用范围与目的方面存在一定的差异。中等职业学校以培养高素质劳动者和技术技能人才为目的，其毕业生未来的发展方向

为职场一线劳动者和技术技能人才。因此，中职英语课程必须考虑到学生未来运用语言的情境与目的，即在一定的职业场景中，为达成某些职场沟通的目的而使用英语。因此，中职英语职场语言沟通的内涵特别关注以下几点内容：

1. 职场语言沟通能力既包括语言知识、语言技能，也包括相关的语用知识。以往提及语言沟通能力时，大家往往更关注语言知识与语言技能，认为只要具备这两者就可以实现沟通交流。但是在核心素养背景下，语言沟通能力更强调在一定的语言情境中进行交流，尤其是在职场情境中进行沟通交流。因此，仅仅具有语言知识和语言技能是不够的，交流双方还需要了解使用语言进行交流的策略，恰当表达以达到交流的目的。

2. 职场语言沟通能力的培养不仅需要语言知识的识记、掌握，语言技能的训练，更需要在真实情境中的实践。职场语言沟通能力不同于复述与背诵，也不同于仿写等练习，它更强调在真实情境中，根据实际情况，恰当使用语言表达观点，达到交流的目的。因此，教学中只关注学生对语言知识掌握的识记性练习和针对单一语言技能的机械训练并不能帮助学生形成职场语言沟通能力。只有为学生创设真实或仿真的职场情境，让学生分析表达需求，根据交流目的选择恰当的语言并运用语言进行交流实践，才能实现对学生职场语言沟通能力的培养。

（二）思维差异感知

语言和思维是密不可分、相互依存的。语言是思维得以实现的工具，是思维存在的形式，也是表达思维的媒介。学习和使用语言要借助思维，同时，学习和使用语言又能够进一步促进思维的发展。《课程标准》根据中职阶段学生的心智特点及英语学科特点提出思维差异感知这一学科核心素养，其目的是强调中职英语学科应通过教学促进学生思维的发展。但是，作为中职英语学科核心素养的思维差异感知，不同于一般意义的思维能力，而是紧密结合中职英语学习的一种思维品质。从《课程标准》对思维差异感知的界定也可以看出，这一素养更强调学生在语言学习过程中对语言现象的观察、对比、分析以及在获取信息的基础上提炼事物的共性或发现差异并形成判断和观点。关于思维差异感知的内涵，需要特别关注以下内容：

英语教学内容并不局限于语篇呈现的语言知识与涉及的语言技能，还包括语篇中的语言现象、语篇结构与语言逻辑。教师在教学过程中要充分挖掘语篇中蕴含的有利于提高学生思维能力的要素，为学生设计丰富且有深度的学习内容，促进学生思维能力的发展。很多教师认为学生的外语水平有限，教学活动设计应简单，所以他们设计的课堂教学活动主要集中于朗读、重复、背诵、模仿等形式，这些活动虽然能够帮助学生更好地掌握语言知识，但对学生思维能力的发展没有促进作用。思维差异感知能力的提出，扭转了大家对中职英语课程的认知，教师应更加重视外语学习对学生思维能力的促进作用，并在教学中予以落实。

（三）跨文化理解

在经济全球化背景下，我国与世界各国在各领域的交往越来越频繁，跨文化理解能力已经成为21世纪公民的必备素养。作为中职英语学科核心素养的跨文化理解指的是学生在英语学习过程中，通过学习中外优秀文化，拓宽国际视野，形成对外国文化的正确认识、对中华优秀文化的深刻认知及对中外企业文化的客观了解，从而形成开放包容的心态，理解多元文化，坚定文化自信，提高文化传播的意识和能力。《课程标准》在界定中职英语课程性质时，明确提出中职英语课程兼具工具性和人文性，但是在日常教学中，教师通常比较重视课程的工具性，不自觉地忽略其人文性特征。实际上，作为教学内容的重要载体，语篇蕴含了大量的文化信息。学生在学习语篇的过程中不仅可以学习语言知识和语言技能，同时也在感知语篇中蕴含的文化元素。例如，学生可以通过阅读介绍中西方节日的语篇，了解中西方节日的来源以及庆祝方式，从而发现中西方文化的差异；也可以通过听中西方知名企业的介绍，了解中西方企业文化的特点等。由此可见，中职英语教学的任务不仅是传授学生语言知识和技能，同时也包括对学生文化品质与素养的培养。关于跨文化理解的内涵，需要特别关注以下内容：

1．跨文化理解能力不能仅仅停留在发现语篇中的中外文化现象，而是要引导学生能够对语篇中反映的文化现象形成自己的价值判断。青少年阶段是人生的拔节孕穗期，正处于世界观、人生观、历史观的形成期，急需正确的价值引导。学校开设的课程除传授学科知识外，都承担着塑造学生价值观念的重要责任，英语学科也不例外。学生在学习英语的过程中会接触到大量与外国文化相关的语篇内容。教师在教学中不仅要关注语言知识，还要注意引导学生发现语篇中的文化现象，通过文本分析，观点分享等活动，帮助学生了解文本中表现出的情感、态度，同时引导学生形成自己的态度与立场，提高学生的文化鉴别能力及对我国优秀传统文化的认同感。

2．跨文化理解能力应注重培养学生运用英语讲好中国故事，促进文化传播的能力。教师应意识到运用目的语进行文化的传播与交流是跨文化理解能力的重要表现之一。因此，教学中对学生跨文化理解能力的培养不能仅停留在对语篇中文化现象的发现与分析，还应关注学生传播文化能力的训练。因此，在理解文化现象，加强文化认同的基础上，对与文化现象相关的语言知识、文化知识以及语言技能的训练也非常重要。创设以文化交流为主题的语言实践活动，为学生提供运用语言讲述文化现象，探讨观点的机会，有利于学生为不同的文化信念寻找合理性解释，从而增补、丰富自己的知识信念系统，也有利于增强学生的家国情怀，坚定文化自信。

（四）自主学习

自 1994 年“首届世界终身学习会议”提出终身学习是 21 世纪的生存概念以来，现代教育思想已经达成共识：终身教育是“人们一生中所受到的各种培养的总和”，包括“教育的一切方面”。处于现代社会中的人，学习是不能一次性完成的，人们必须具备终身学习，自己教育自己的能力。因此，终身学习意识与自主学习能力是 21 世纪公民必须具备的关键能力。学生的学习能力从何而来？如果在学习过程中教与学的双方只关注学习内容而不关注学习的过程与方法，学生就不可能通过学习掌握学习的方法，提高学习能力。这也是很多学生在走出校园后缺乏持续有效学习的主要原因。以往人们都认为一门学科的教学是要帮助学生掌握这门学科的知识，构建这一学科的知识体系，但是却忽略了帮助学生了解这个学科的特点，掌握与之相匹配的学习方法与策略，培养学生自主开展本学科学习的能力也是学科教学的重要内容。英语学习是一个长期的过程，很多学生的英语学习并不是完成学校教育就结束了，而是在进入下一阶段学习或步入工作岗位后还需要持续的学习。如果学生缺乏自主学习能力，就无法根据新形势的要求寻求学习资源，制定学习计划，通过自主学习提升自己的语言水平，使自己更好地适应未来的工作与生活。

《课程标准》在界定自主学习能力时特别强调了自主学习的内涵为“学生在英语课堂学习的基础上，根据自身特点，制定学习方案，选择和运用恰当的学习策略，养成良好的学习习惯，促进语言学习与学习能力的可持续发展。”其目的是提醒教师在教学中不仅要“授之以鱼”，更要“授之以渔”，关注学生学习兴趣的培养，学习习惯的养成，尤其是帮助学生了解和掌握有效的学习策略，形成主动参与语言实践的意识与习惯，为自主学习、可持续学习和终身学习奠定基础。

第二章

基于学科核心素养的英语课程理念

第一节

基于学科核心素养的英语课程目标

课程目标是指在课程设计与开发过程中课程本身要实现的具体要求。它规定了一定阶段内学生通过课程学习在发展品德、智力、体质、素养等方面所应达到的程度。课程目标规定了教学活动的预期结果，明确了教学方向，指导了教学实施。《课程标准》根据新的历史时期社会发展的需求及英语教育教学理论的发展，从核心素养的角度重新制定了中职英语课程目标。《课程标准》中的课程目标与《教学大纲》中的课程目标既有共性也有差异，准确把握《课程标准》中的课程目标对有效实施课堂教学与评价具有重要意义。

与《教学大纲》的课程目标相比，《课程标准》的课程目标在内容与要求方面都有显著的变化。就课程目标的内容而言，《教学大纲》的课程目标主要包括语言知识、语言技能与情感态度价值观三个方面的内容。这三个方面的内容共同服务于学生综合语言运用能力的培养。《课程标准》是在核心素养背景下制定的，中职英语课程的目标旨在培养学生的学科核心素养。根据核心素养的内涵与特质，中职英语课程目标包括四个方面，即职场语言沟通、思维差异感知、跨文化理解与自主学习。2020 年版的课程目标是在 2009 年版课程目标基础上的发展，两个版本的课程目标既有共性特点，又存在差异。

首先，两个版本的课程目标都非常重视对学生语言能力的培养。《教学大纲》的课程目标指出“中等职业学校英语课程要在九年义务教育基础上，帮助学生进一步学习英语基础知识，培养听、说、读、写等语言技能，初步形成职场英语的应用能力。”《教学大纲》是在我国职业教育更加强调能力培养，构建能力本位课程体系背景下研制的教学指导文件，其任务是引导中职英语教学从关注知识传授发展为关注语言运用能力培养。《教学大纲》体现了能力本位的英语课程设计，关注学生的个体发展与未来职业发展，以及培养学生的综合语言运用能力和继续学习能力的理念。因此，《教学大纲》按照语言能力的关键要素设计了知识目标与技能目标，并突出了对学生语言技能的培养。《课程标准》的目标也重视语言能力的培养，但是在核心素养背景下，《课程标准》没有分别设置语言知识与语言技能目标，而是整合为“职场语言沟通”目标，强调了语言知识与语言技能对语言沟通能力形成的不可分割性。同时，《课程标准》强调了中职英语课程要着重培养学生的“职场语言沟通”能力，突出了中职学校英语课程的类型教育特点及实践教学在中职英语教学中的重要性。《课程标准》对课程目标关于语言能力的要求，体现了中职英语教学理念的发展与进步，为中职英语教学改革实践指引了方向。

其次，《课程标准》单独提出了“思维差异感知”的目标。《教学大纲》没有明确提出与思维品质相关的课程目标。随着教育教学理论的发展，人们越来越意识到思维发展的重要性，尤其是思辨能力与创新能力的发展等关系到学生的可持续发展。因此，在英语教学中如何培养学生的思维能力、培养哪些思维能力等问题成为《课程标准》研制过程中的重要课题。通过分析英语课程的特点与中职学段学生心智发展水平等，《课程标准》将中职阶段英语课程对学生思维能力的培养目标确定为“思维差异感知”能力的培养。“思维差异感知”目标要求学生能够理解英语与汉语在表达方式上体现出的思维差异，以及在逻辑论证上体现出的中西方思维差异，并能在了解中西方思维差异的基础上，客观对待不同观点，作出正确价值判断。可以看出与《教学大纲》相比，《课程标准》强调了对学生思维能力的培养，但从对学生思维能力的要求方面，又考虑到了学生的能力基础，突出了学生在语言学习过程中通过观察语言现象，理解语言现象背后的思维差异的能力的培养。“思维差异感知”目标的提出明确了在语言学习中对加强思维能力培养的要求。

另外，《课程标准》单独提出了“跨文化理解”的目标。《教学大纲》的课程目标虽然也包含与文化意识相关的内容，例如，“引导学生了解、认识中西方文化差异，培养正确的情感、态度和价值观。”但对于学生的跨文化素养要求只停留在认识中西方文化差异的层面，没有上升到培养学生的文化认同与文化自信，以及加强文化传播的高度。随着党的十八大报告提出将立德树人作为教育的根本任务，挖掘与发挥英语课程独特育人功能成为《课程标准》制定过程中特别关注的问题。英语是当今世界最为通用的世界语言，是国际交流与合作的重要工具。英语课程中学生将会接触到以英语作为目的语呈现的介绍世界不同国家的自然环境、社会文化、科学技术等相关信息，这些信息潜移默化地影响着学生价值观念的形成。因此，如何界定学生在语言学习中形成这种品质并制定合理的目标对中职英语教学改革具有重要的影响。《课程标准》关于“跨文化理解”这一素养的界定提升了《教学大纲》对学生文化素养的要求，将学生对文化的理解、对中外优秀文化的认同，以及通过学习形成的对不同类型文化的态度及传播文化的能力等纳入跨文化理解的范畴。因此，教师在教学中不能将学生对文化现象的认知与理解作为培养学生跨文化理解素养的目标，而是要加强学生运用英语讲好中国故事，促进中华优秀传统文化传播能力的培养。

最后，《课程标准》优化了自主学习的目标。《教学大纲》也非常重视学生自主学习能力的培养，课程目标中提到“激发和培养学生学习英语的兴趣，提高学生学习的自信心，帮助学生掌握学习策略，养成良好的学习习惯，提高自主学习能力。”由此可以看出，《教学大纲》在培养学生自主学习能力方面主要关注了学生学习兴趣、自信心、学习策略与学习习惯四个方面。《课程标准》也提出了自主学习这一目标，但是与《教学大纲》中的自主学习能力目标相比较，《课程标准》中的自主学习素养的目标更全面地对学生自主学习能力作出了规定和要求。“自主学习”顾名思义就是要学生独立自主地开展学习活动。在整个学习过程中，学生要独立地使用分析、探索、实践、质疑、创造等方法来实现学习目标。因此，自主学习要求学生具备自立、自为、自律等特征。《课程标准》对自主学习素养的要求全面地反映了这三个方面的特征，体现在：一是自立性。《课程标准》关于自主学习的目标要求学生“能树立正确的英语学习观，具有明确的学习目标”，这一要求体现了学生作为一个学习主体对英语学习要有自己独立的认知。对英语学习具有独立、清醒的认知是学生自主学习内在动机和动力的来源。二是自为性。《课程标准》要求学生“能多渠道获取英语学习资源；能有效规划个人的学习，选择恰当的学习策略和方法”，这些要求主要体现了对学生在自主学习过程中需要具备的自我探索性、自我选择性、自我建构性和自我创造性四个方面的要求。三是自律性。《课程标准》要求学生“能监控、评价、反思和调整自己的学习内容和进程，提高学习效率”，这一要求体现了对学生作为学习主体应具有责任感的要求。要培养学生的自主学习能力就必须培养学生作为学习主体的自觉性、自我约束及自我管理能力，这些能力是开展长期自主学习的保障。由此可以看出，《课程标准》不仅关注了学生学习兴趣与学习习惯等问题，更关注了如何全面培养学生的自主学习能力，使学生具备终身学习和可持续发展的能力。

此外，《课程标准》还根据新时代信息技术与教学深度融合的背景，强调了学生在信息化背景下开展自主学习需要具备的关键能力。例如，《课程标准》的自主学习目标中要求学生“能多渠道获取英语学习资源”等，就体现了在信息化背景下学生自主开展学习必须具备的能力。

第二节 基于学科核心素养的英语课程内容

课程与教学内容是指在一定的教育价值观指导下各门学科中特定的事实、观点、原理和问题按照课程与教学逻辑构成的体系。课程与教学是教师理解与贯彻《课程标准》的具体抓手，对教师教学改革具有重要意义。《课程标准》将“课程内容”设置为单独一部分内容，对中职英语课程内容的设计进行了全面、详细的说明。《课程标准》的“课程内容”比《教学大纲》中“教学内容与要求”规定的教学内容丰富了许多。《教学大纲》没有对“课程内容”作专门的规定，而是从“教学内容与要求”的角度以纵横两个维度分别按照“基础模块”“职业模块”和

“拓展模块”制定了“基础要求”和“较高要求”两个层次的教学内容与要求。“教学内容与要求”包含了教学内容及教师在实施教学时应遵循的要求，更强调对教学的要求。将“教学内容”与“教学要求”合并有利于教师直观理解《教学大纲》对每部分教学内容的规定及教学实施要求。但是《教学大纲》中“教学内容与要求”部分的表述比较简洁，不利于全面、详细说明课程与教学内容。

《课程标准》根据学科核心素养培养的要求，单独对中职英语课程内容进行了规定，共包括6个部分，即主题、语篇类型、语言知识、文化知识、语言技能和语言策略。对比发现，《教学大纲》中教学内容主要从语言知识、语言技能两个方面对中职英语课程内容作出了规定，这也体现了当时以能力为本位的中职英语课程建设理念。《课程标准》中的课程内容除了包括语言知识、语言技能，还包括了主题、语篇类型、文化知识和语言策略。由六个要素构成的中职英语课程内容体现了学科核心素养背景下，加强课程育人功能，通过课程学习促进学生全面发展的教育理念与设计思路。学科核心素养是学生通过课程学习逐步形成的正确价值观念、必备品格与关键能力。因此，在核心素养背景下，中职英语课程不仅承担着培养学生职场语言沟通能力的任务，还要促进学生思维差异感知、跨文化理解与自主学习能力的发展。仅仅依靠语言知识与语言技能的相关内容是无法实现对学生学科核心素养的培养。因此，以促进学生学科核心素养发展为目标的中职英语课程需要更加丰富的课程内容来实现课程目标。

1. 主题

核心素养是人与情境互动，解决复杂问题时所表现出的知识、能力及情感态度等综合素养。因此，核心素养的培养需要以情境作为支撑，在情境中开展语言学习与语言实践。语言情境是语言学习的环境。语言情境离不开主题。《课程标准》规定了“人与自我”“人与社会”“人与自然”三大主题范围，并在主题范围下规定了：“自我与他人”“生活与学习”“社会交往”“社会服务”“历史与文化”“科学与技术”“自然与环境”“可持续发展”等8个主题（见下页表4）。《课程标准》对主题范围与主题的规定明确了中职英语课程内容覆盖的语言使用情境。明确语言学习的主题也是基于核心素养理念的要求。传统英语教学更加关注语言知识、语言技能的学习，但是由于缺乏主题的引领与语言情境的设计，语言知识的学习大多倾向于抽象的知识教学。学习内容与真实的语言交流活动缺乏联系，学生虽然学习了具体的知识却不了解语言的意义，很难将所学内容转化为语言能力。《课程标准》规定了语言学习的主题，为教师在教学中开展主题语境设计，将特定主题与学生的学习、生活和未来职业发展建立关联，为开展有意义的语言学习活动创造了条件。

表 4 《课程标准》规定的主题范围、主题和内容要求

主题范围	主题	内容要求
人与自我	自我与他人 生活与学习	个人、家庭及社区生活 饮食起居、穿着服饰 出行问路、交通旅游 求医就诊、健康护理 体育运动、休闲娱乐 校园生活、实习实训等
人与社会	社会交往 社会服务 历史与文化 科学与技术	庆典、聚会等活动 志愿服务 人类文明与多元文化 历史人物与事件 时代楷模与大国工匠 科技发明与创造 网络生活与安全
人与自然	自然与环境 可持续发展	自然环境 灾害防范 环境保护

2. 语篇类型

除增加“主题”这一要素外，《课程标准》的课程内容还包括“语篇类型”。“语篇类型”的提出强调了语篇在语言学习中的重要作用。语篇是语言学习的基础。学生在接触语篇的过程中，获取语言知识，训练语言技能，理解语言意义，同时理解不同语境下使用不同语篇类型的交际需求。英语课程要培养学生在真实情境中开展语言实践活动的能力。因此，课程内容需要根据课程目标要求为学生提供满足真实语言交际情境中需要的语篇内容与语篇类型。《课程标准》规定的“主题范围”及“主题”为语篇内容的选择提供了依据，进一步对“语篇类型”作出规定，有利于明确学生语言学习内容的呈现形式。《课程标准》强调提供贴近学生生活实际以及未来职业发展需要的语篇类型，例如记叙文、说明文、议论文、应用文等文体类型（见表5），同时兼顾口头与书面等语体。此外，随着信息技术的发展，人们在生活和工作中都会使用互联网及手机等作为交流工具传输信息，这些基于互联网的文本类型也被纳入《课程标准》规定的语篇类型。

表5 《课程标准》规定的语篇类型内容要求

类型	内容要求
记叙类	个人简介、人物介绍、校园生活、社区生活、职场活动等
说明类	常见标识、节假日介绍、场所介绍等
应用类	公告、通知、简讯、假条等； 常规指令、日程安排等 海报、广告、常见票据、电子邮件、信函等
议论类	与社会责任、合作意识和工匠精神等相关的内容

在学习过程中为学生提供不同类型的语篇，也为培养学生的思维能力创造了条件。《课程标准》要求教师在教学中要组织学生针对语篇开展主题意义的探究，提高学生对语篇类型的分析和把握能力。因此，教学中语篇的学习并不仅仅局限于学习语篇中包含的语言知识，还包含对语篇内容的理解与分析，以及对语篇内容与语篇主题之间关系的探究。此外，对语篇结构的分析与对语篇表达意义的方法的学习都属于语篇学习的内容。

《课程标准》将“语篇类型”作为课程内容的重要组成部分，不仅强调了语篇在语言学习中的重要性，更突出了基于语篇的学习活动对培养学生学科核心素养的重要意义。

3. 语言知识

《课程标准》将“语言知识”作为课程内容的组成部分之一。《教学大纲》的“教学内容与要求”中，与语言知识相关的内容主要包括语音、词汇与语法三部分内容。《课程标准》中“语言知识”的内容以《教学大纲》的相关要求为基础，结合学科核心素养培养的要求对“语言知识”的内容进行了拓展，增加了“语篇知识”与“语用知识”（见表 6）。“语篇知识”指的是语篇构成、意义表达及使用的知识，是发展语言能力的基础。“语用知识”则是指文本建构过程中真实的语言使用。在语言知识中增加语篇知识与语用知识突出了语言知识的学习不能只关注碎片化的语音、词汇和语法等知识，更要关注语言的意义和实践应用。例如，在特定主题情境中语言以什么样的语体或文体呈现？不同的语体与文体有什么样的结构特点？语篇是如何表达意义的？语篇知识与语用知识的提出强调了教学活动必须创设主题情境，关注意义探究，引导学生在运用语言解决实际问题的过程中将语言知识内化为学科核心素养。

表 6 《教学大纲》与《课程标准》中“语言知识”内容对比

《教学大纲》规定的“语言知识”内容	《课程标准》规定的“语言知识”内容
语音知识 词汇知识 语法知识	语音知识 词汇知识 语法知识 语篇知识 语用知识

4. 文化知识

《课程标准》增设了“文化知识”作为课程内容的一部分。《课程标准》中的“文化知识”指的是中外文化知识和职场文化知识。语言与文化有着密切的关系，语言反映一个民族的文化，同时又受到文化的巨大影响。因此，英语学习内容不仅包含语言知识与语言技能，也蕴含着丰富的文化元素。教学中，教师在组织学生在学习语言的同时，也应借助语言这一工具帮助学生获取丰富的文化信息，学习和了解语篇传递的文化知识。

英语作为一门外语课程，其目的不仅是让学生学会一种语言，同时也要帮助学生开阔视野，让学生了解不同类型的文化现象，并在接触与了解各种文化现象的过程中对不同的文化现象形成客观的认识，尤其是通过对比国内外的文化现象形成对我国优秀文化的深刻认知，坚定文化自信。因此，教师在教学过程中不仅要关注语篇中的语言现象，也要重视对语篇内容的分析，利用语篇中的文化元素引导学生进行深度学习，培养学生的跨文化理解能力。

5. 语言技能

“语言技能”包括理解性技能和表达性技能，具体包括听、说、读、写等技能。《教学大纲》与《课程标准》都将语言技能列为重要的课程内容。与《教学大纲》不同的是，《课程标准》将听、说、读、写等技能放置在了语言交际活动中。根据交际活动对各项语言技能的要求进行了具体规定，即按照语言理解、语言表达和语言交互等交际活动类型对听、说、读、写的内容进行规定。例如，针对语言理解活动的需要规定了听和读的技能要求；针对语言表达和语言交互活动的需要规定了说和写的技能要求（见下页表 7）。按照交际活动规定语言技能要求，强调了语言技能的学习不能脱离语言实践活动，而是要基于交流的主题情境及交际活动。同时，按照交际活动的类型对语言技能要求进行规定，也强调了不同语言交际活动对同一种语言技能要求存在差异性，教师在教学中应予以关注。《课程标准》中的“课程内容”关于“语言技能”的要求更有利于引导教师在教学中既关注单一语言技能的训练，同时也要重视在主题情境中组织学生进行语言实践，尤其是要加强对学生在职业场景中综合运用语言技能进行交流的训练，从而实现对学生职场语言沟通能力的培养。

表 7 《教学大纲》与《课程标准》中“语言技能”内容对比

《教学大纲》规定的“语言技能”内容	《课程标准》规定的“语言技能”内容
听 说 读 写	语言理解：听、读 语言表达：说、写 语言交互：说、写

6. 语言策略

《课程标准》将“语言策略”纳入了课程内容。《课程标准》中的“语言策略”包括语言学习策略和语言技能发展策略。其中语言学习策略包括元认知策略、认识策略、交际策略和情感策略等。语言技能发展策略包括理解策略、表达策略和交互策略等（见表 8）。策略的学习与使用可以有效帮助学生发展自主学习能力，提高学生语言技能迁移，提高学习和运用英语的效率和效果。将“语言策略”纳入课程内容可以有效促进学生学科核心素养的发展。

表 8 《课程标准》关于“语言策略”内容的规定

语言学习策略	语言技能发展策略
元认知策略 认识策略 交际策略 情感策略	理解策略 表达策略 交互策略

21 世纪是终身学习的社会，任何一门课程的教学都不能只关注学生在课堂教学中学习哪些知识，还要关注学生通过本课程的学习可以获得哪些学习能力，帮助学生在未来的生活和工作中根据需要持续学习。而这一能力的培养，需要教师在教学中予以持续关注，指导学生合理利用学习策略开展自主学习，不断提升自主学习能力。同时，也要鼓励和指导学生在学习中有效运用语言技能发展策略，不断提高语言技能的迁

移，发展职场语言沟通能力。

总而言之，《课程标准》将《教学大纲》中由语言技能与语言知识两大要素组成的课程内容扩展为主题、语篇类型、语言知识、文化知识、语言技能、语言策略等六大要素，使课程内容更好地为英语教学提供在主题情境中学习语言知识与技能、挖掘语篇文化内涵、探索语言现象、探究语言意义等深度语言实践活动，促进学生学科核心素养发展的条件和基础。

第三节
基于学科核心素养的英语课程学业质量评价

一、学业质量内涵

《课程标准》指出学业质量是学生完成本课程学习后的学业成就表现，是以英语学科核心素养及其表现水平为主要维度，根据基础模块、职业模块和拓展模块的课程内容，对学生在日常生活与职业场景中运用英语完成任务、分析和解决问题的能力及表现的描述，是英语教与学评价的依据。

《课程标准》中关于学业质量的内涵强调了三个方面的内容：一是学业质量是对学生完成课程学习后的学习效果的评价。与在学生完成一节课或一个阶段学习后的学习效果评价不同，学业质量关注的是学生在中职学段完成英语课程学习后的学业成就表现。二是《课程标准》关于学业质量的要求强调了要以学生学科核心素养发展水平评价学生的学习效果。《课程标准》提出中职英语课程要促进学生学科核心素养的发展。因此，不能仅仅以学生对英语知识的掌握或语言技能的发展来界定学生的学习效果，而是要按照学科核心素养的维度，即职场语言沟通、思维差异感知、跨文化理解与自主学习，来全面考查学生的学习效果。三是强调了学业质量是英语教与学评价的依据。对学生的学习结果进行评价不仅是考查学生学习成果的方式，也是评估教学质量的重要依据。教师与教学管理人员可以通过分析学生的学习情况监控教学质量，反观教学中存在的问题。

二、明确中职英语学业质量要求的重要意义

学业质量是学生完成课程学习后的学习结果。因此，学业质量必然会根据学生的学习情况呈现出不同的水平差异。为指导学生开展有效的学习，保证课程的学业质量，教育行政部门会对课程的学业质量提出基本要求，即学生完成本课程学习后应达到的合格水平。中职英语课程属于我国中等职业学校各专业均须开设的必修的公共基础课程。国家制定了中职阶段公共基础课程的课程方案，并研制了各门公共基础课程标准，对课程建设与实施提出具体要求，其中也包括学业质量要求。

根据《课程标准》，中职英语学业质量要求分为总体要求与具体要求。总体要求从学科核心素养的四个维度对学生的学业水平进行了描述。具体要求则从语言技能的角度对学生完成课程学习后应取得的学习成果进行了更为详细的规定。《课程标准》中的学业质量要求相当于学业质量标准，既是指导教师开展日常教学的依据，也是阶段性评价、学业水平考试和高考命题的重要依据。

在《课程标准》颁布前，中职英语教学缺乏统一的质量要求。《教学大纲》虽然对中职英语教学内容提出了要求，但是并没有对学生的学业成就作出规定。因此，虽然绝大部分中等职业学校按照要求使用国家规划教材，依据《教学大纲》实施教学，但是不同学校在学生应该学多少，学到什么程度等问题上存在着明显差异。当然，不同地区，甚至同一学校不同专业之间学生的英语基础确实存在较大差异，不能采用“一刀切”的方式规定学业要求。但是，为保证教育质量，有必要在调研全国中职学校英语教学实际水平的基础上，对本学段的学业质量提出基本要求。因此，《课程标准》提出中职英语学业质量要求，不仅弥补了中职英语教学缺乏质量标准的缺憾，也为实施中职英语学业质量评价，监控教学质量提供了标准参照与命题依据。

三、中职英语学业质量要求和学科核心素养的关系

讨论学业质量定义时，我们提到《课程标准》规定的中职英语学业质量是学生在中职阶段完成英语课程学习后的学业成就表现，而这一表现的主要维度就是学生学科核心素养的发展情况。因此，中职英语学业质量要求的内容就是针对中职英语学科核心素养发展水平的检验标准。中职英语学业质量要求分为两个水平，即水平一和水平二。两个水平都从职场语言沟通、思维差异感知、跨文化理解与自主学习四个方面制定检验学生学业成就的标准。

很多教师在学习《课程标准》时会发现，《课程标准》在“学科核心素养与课程目标”部分对中职英语学科核心素养的内涵进行了描述，然后按照学科核心素养的维度制定了中职英语的课程目标。而在“学业质量”部分又按照学科核心素养的维度制定了学业质量要求。这三部分内容存在相似之处又似乎不尽相同，那么他们之间是什么关系呢？教学中应该如何参照这些内容实施教学呢？

首先，在谈论中职英语学科核心素养时我们就已经明确了学科核心素养是《课程标准》研制的核心理念，统领中职英语课程建设，包括课程目标的制定，课程内容的构建与学业质量的评价等。因此，《课程标准》在“学科核心素养与课程目标”部分先对什么是学科核心素养进行了说明，并明确了学科核心素养的具体内涵。例如，职场语言沟通是指学生通过英语语言知识的学习与实践，掌握语言特点及其运用规律，发展听、说、读、写等语言技能，正确理解职场中不同类型的语篇信息，就与职业相关的话题进行有效沟通与交流。由此可以看出，这里主要明确了职场语言沟通的培养途径是语言知识的学习与实践及发展听、说、读、写等语言技能，同时，也对职场语言沟通作为学科核心素养的具体表现进行了描述，即正确理解职场中不同类型的语篇信息，就与职业相关的话题进行有效沟通与交流。通过阅读这一部分内容，教师可以了解什么是职场语言沟通，但是还不能了解通过中职阶段英语课程的学习应该帮助学生将这些素养发展到什么水平。

课程目标用来规定一定阶段内学生通过课程学习，在发展品德、智力、体质、素养等方面所应达到的程度。《课程标准》在介绍了学科核心素养后，明确了中职英语的课程目标，而课程目标也是从学科核心素养的维度制定的。因此，课程目标规定的是通过中职阶段英语课程的学习，学生的学科核心素养应该达到的程度。仍然以职场语言沟通为例，课程目标中关于职场语言沟通目标的描述为：在日常英语的基础上，围绕职场相关主题，能运用所学语言知识，理解不同类型语篇所传递的意义和情感；能以口头或书面形式进行基本的沟通；能在职场中综合运用语言知识和技能进行交流。课程目标更倾向通过明确教学预期达到的目标指导教师如何开展教学，为教师的教学提供方向。

学业质量要求则从如何检测学生学业成果的角度制定检验标准，即按照学业质量水平，通过规定学生在语言交流活动中的具体行为表现明确检验的内容与方式等制定检验标准。例如，学业质量水平一中针对学生职场语言沟通能力发展情况确定的检验标准为“能在熟悉的职业场景中，围绕主题范围，识别语篇传递的事实性信息；能理解语篇传递的主旨、意义和情感；能以口头或书面形式陈述事实，简单表达观点和态度等；能根据给定的信息，就相关职场主题进行交流。”在这一要求中，我们可以看出，要检验学生的职场语言沟通是否达到水平一的要求，需要给学生提供《课程标准》规定的主题范围中的相关交流主题，通过检验学生是否能够识别出这些主题下语篇中的事实性信息、主旨大意等行为表现判断学生是否达到了水平一中的职场语言沟通的要求。

由此可以看出，《课程标准》以学科核心素养为核心理念，其课程标准规定了通过本课程的学习，学生学科核心素养应达到的程度。课程目标主要用于指导教师实施教学。学业质量要求则从如何检验学生学科核心素养发展水平的角度，制定了检验标准，明确了检验指标要素等。学业质量要求和课程目标既具有一致性，又不完全相同，但都服务于学科核心素养在英语课程中的贯彻落实。（见下页表 9）

表 9　中职英语学科核心素养、课程目标与学业质量要求内容对比

学科核心素养	学科核心素养内涵	课程目标	学业质量要求	
			水平一	水平二
职场语言沟通	职场语言沟通是指学生通过英语语言知识的学习与实践，掌握语言特点及其运用规律，发展听、说、读、写等语言技能，正确理解职场中不同类型的语篇信息，就与职业相关的话题进行有效沟通与交流。	在日常英语的基础上，围绕职场相关主题，能运用所学语言知识，理解不同类型语篇所传递的意义和情感；能以口头或书面形式进行基本的沟通；能在职场中综合运用语言知识和技能进行交流。	能在熟悉的职业场景中，围绕主题范围，识别语篇传递的事实性信息；能理解语篇传递的主旨、意义和情感；能以口头或书面形式陈述事实，简单表达观点态度等；能根据给定的信息，就相关职场主题进行交流。	能在相对熟悉的职业场景中，围绕主题范围，识别语篇中的事实性信息，理解语篇中的隐含信息；能理解多模态语篇传递的主旨、意义和情感；能以口头或书面形式陈述事实，表达观点和态度等；能综合运用语言知识和资源，就相关职场主题进行有效交流。
思维差异感知	思维差异感知是指学生在英语学习与运用过程中，通过观察、分析、比较等方式，认识口头交流与书面交流的表达特点，感知不同文化背景下思维方式的多样性，理解中西方思维方式的差异，从不同视角观察和认识世界，对事物做出合理评判。	能理解英语在表达方式上体现出的中西思维差异；能理解英语在逻辑论证上体现出的中西思维差异；在了解中西思维差异的基础上，能客观对待不同观点，做出正确价值判断。	能识别符合英语思维的简单语言表达方式；能识别常见语篇的篇章结构与逻辑关联；能区分语篇中的事实和观点、证据和结论；能对语篇中的信息进行归类。	能识别符合英语思维的较为复杂的语言表达方式；能识别较为复杂语篇的篇章结构与逻辑关联；能对语篇中的信息进行归类和总结；能根据语篇中的证据和数据，作出合理的逻辑推断。

续表

学科核心素养	学科核心素养内涵	课程目标	学业质量要求	
			水平一	水平二
跨文化理解	跨文化理解是指学生在英语学习过程中，通过学习中外优秀文化，拓宽国际视野，形成对外国文化的正确认识、对中华优秀文化的深刻认知及对中外企业文化的客观了解，以开放包容的心态理解多元文化，坚定文化自信，促进文化传播。	能了解世界文化的多样性；能了解中外文化及中外企业文化；能进行基本的跨文化交流；能用英语讲述中国故事，促进中华优秀文化传播。	能理解简单语篇所包含的文化信息；能识别简单语篇所包含的文化差异；能对语篇中不同的文化现象进行简单比较；能用简单的语言介绍中华优秀文化。	能理解较为复杂语篇所包含的文化信息；能识别较为复杂语篇所包含的文化差异；能对语篇中不同的文化现象进行比较；能用较为丰富的语言介绍中华优秀文化。
自主学习	自主学习是指学生在英语课堂学习的基础上，根据自身特点，制订学习方案，选择和运用恰当的学习策略，养成良好的学习习惯，促进语言学习与学习能力的可持续发展。	能树立正确的英语学习观，具有明确的学习目标；能多渠道获取英语学习资源；能有效规划个人的学习，选择恰当的学习策略和方法；能监控、评价、反思和调整自己的学习内容和进程，提高学习效率。	能认识到英语学习的重要性；有较为明确的学习目标；能利用多种学习渠道丰富学习资源；能在学习中运用学习策略和方法；能对自己的学习进行监控、评价和反思。	能正确认识英语学习的意义；有明确的学习目标；能有效利用多种学习渠道丰富学习资源；能在学习中有效运用学习策略和方法；能对自己的学习进行监控、评价、反思和调控。

第三章

基于学科核心素养的英语课堂教学

第一节

学科核心素养培养对课堂教学的要求

《课程标准》提出了学科核心素养的理念，并将促进学生学科核心素养的发展作为中职英语课程的目标。这是对《教学大纲》提出的三维目标的发展，也是对中职英语教学提出新的要求。学科核心素养背景下的英语教学并不是对以往以知识、能力、情感态度价值观培养为目标的教学的颠覆，而是要求英语教学在继承的基础上，进一步依据学科核心素养的培养要求，创新和发展教学方法和组织形式。《课程标准》针对如何实现学科核心素养的发展提出了具体的教学建议。依据《课程标准》，中职英语教学的改革主要体现在以下几个方面：

一、树立通过语言教学促进学生全面发展的教学理念

根据《课程标准》，英语课程兼具工具性与人文性。英语语言知识与语言技能的学习既是英语课程的教学内容，也是学生进一步学习文化知识，提升思维能力的工具。因此，教师在实施教学时要关注学生语言的学习，但是又不能将英语教学局限于语言的学习，而是要通过设计合理的教学活动，帮助学生在学习语言知识，发展语言技能的同时，学习中外文化知识，提升观察、分析、判断能力，形成正确的价值观念，实现全面发展。

二、通过开展活动导向教学促进学生学科核心素养的发展

学科核心素养具备核心素养的基本特征，是人们在与情境互动过程中，应用知识、能力、情感态度等解决复杂问题时所表现出的综合素质与能力。因此，其培养也需要以情境为依托，以问题或任务为载体，为

学生提供综合运用知识、能力、情感态度的机会，才能实现学科核心素养的培养。传统教学中往往存在教学内容与实际生活脱节，针对抽象的知识与技能开展教学与训练的现象，不利于学科核心素养的培养。例如，很多教师都习惯在组织学生学习对话或阅读语篇前，先讲解对话或阅读材料中的单词和短语，带领学生朗读单词和短语，学习词义和识记单词等。但在这些学习活动中，学生所学的单词和短语与生活现象、实际问题没有任何关联，只是学习抽象的语言知识，这样的学习活动不能在语言知识的学习与学生思维能力、文化意识、自主学习能力等核心素养之间建立关联，因此并不能促进学生学科核心素养的发展。

依据学科核心素养的特点，《课程标准》建议开展活动导向教学，培养学生学科核心素养。依据《课程标准》，活动导向教学是指教师通过组织小组讨论、同伴互助、合作学习等活动，引导学生在解决真实问题或完成实际任务的过程中提升学生的职场语言沟通、思维差异感知、跨文化理解与自主学习能力。由此可以看出，活动导向教学并不是一种具体的教学方法或教学模式，而是指以实际问题或任务为引领，开展语言学习与实践活动的教学方式。因此，凡是具有这一特点的教学方式均属于活动导向教学。但是，一些教师们在教学中经常开展的教学活动，例如，两人一组的对话朗读，对话创编，依据课本中的对话或语篇组织的角色扮演等活动并不属于活动导向教学。因为这些活动虽然也采用了小组合作或同伴合作的方式，但是这些活动主要还是以学生识记学习内容，巩固语言知识和训练语言技能为目标，并不能为学生提供运用知识和技能分析问题、解决问题的学习过程，因此，这些活动对学生的思维能力以及情感、态度、价值观等方面的教育不够充分，也就不能很好地促进学生学科核心素养的发展。

那么应该如何开展活动导向教学呢？依据学科核心素养的特征，教师应根据教学内容所属主题范围和主题设计语言学习情境，挖掘语篇中蕴含的语言知识、技能、文化元素以及培养学生思维能力的语言现象，设计综合性、实践性学习活动，以达到培养学生学科核心素养的教育目标。

以“垃圾分类”为主题的听说教学活动设计来进行说明。例如，教师让学生听一段谈论某个国家垃圾分类的对话。如果教师仅仅将对话看作某些有关垃圾分类词汇或句型的学习内容，就没有办法让学生理解学习这个听力语篇在其个人发展及实际生活中的意义与价值。教师也不能在挖掘深刻主题的前提下设计出既能帮助学生获取语言知识、语言技能，又能让学生在语言学习过程中获得文化知识，树立正确价值观念的学习活动。因此，学科核心素养背景下的教学强调以主题为引领，没有主题教学活动就会失去目标和方向。其次，教师要关注语篇的学习。如果说主题是方向和引领，语篇就是教学活动的依托。因为所有的教学内容、活动设计都要来源于语篇。课堂教学中的语言输入主要依靠语篇，语篇承载了学生要学习的语言知识、语言技能、文化知识、思维方式等内容。因此，在以“垃圾分类”为主题的听说教学活动设计中，教师不仅要关注到语篇包含的语言知识、语言技能，还要关注语篇包含的环保观念、各国在实施环保方面的举措等文化知识，以及说话者在表达观点时的讲话方式、情感、态度等。因此，教学中教师要依据“环保”这一主题，设计真实、有意义的学习活动。例如，语言理解、语言应用实践、语言迁移创新等活动，让学生将所学内容与生活中的真实现象、实际问题建立联系，并运用所学解决问题或完成任务，表达自己的观点、态度等，让学生在参与学习活动的过程中获得语言知识、语言技能，同时实现对主题意义更深刻的理解，获得文化知识、思维能力，发展学习策略，形成价值观念，实现学科核心素养的发展与提升。

三、教学设计应突出职业教育特点，加强语言实践应用

语言是传递信息、表达思想与情感的工具。缺乏使用语言交流的学习过程是无法帮助学生形成语言能力的。《课程标准》将职场语言沟通确定为中职英语的学科核心素养之一，突出了中职英语不仅要关注学生语言能力的培养,更要关注职业教育的特点及中职教育的人才培养特点，结合培养高素质劳动者和技术技能人才的要求，设计更加符合中职学生发展的语言学习活动，即结合职场交流的特点设计语言学习情境与语言交际活动，为学生提供运用语言解决实际问题或完成职场交际任务的学

习活动，将语言学习与职场文化、职业道德、职业精神培养融为一体，让学生在学习过程中能够真正使用语言交流信息、表达思想与观点，解决问题。例如，在开展以“科学技术”为主题的教学活动时，教师可以结合学生的专业，设计学习任务来探究科技发展如何改变工作方式或工作内容。同时，教师在实施教学过程中，需要注意针对同一主题的教学内容，对不同专业的学生，应基于他们的专业特性，设计不同的语言实践活动。例如，在设计以“旅游”为主题的教学活动时，教师可以为旅游管理专业的学生设计“为游客推荐旅游路线，介绍旅游景点”的实践活动；也可以为平面设计专业的学生布置“设计旅行社商品宣传网页”等活动。结合学生的专业来设计语言实践活动，能更好地激发学生的学习兴趣，将语言学习与学生的专业学习、职业素养培养有机结合，促进学生语言实践能力与应用能力的提升。

第二节 基于学科核心素养的单元整体教学设计

一、学科核心素养的培养需要进行单元整体教学设计

《课程标准》在《教学大纲》的基础上结合社会发展特点及教育改革成果提出了学科核心素养的概念，并将对学生学科核心素养的培养作为每门课程的育人目标。《教学大纲》提出的三维目标指出中职英语课程应帮助学生学习英语基础知识，掌握语言技能并对学生进行情感、态度、价值观的培养。但是，因为三个维度相对独立，所以教学中教师通常采取每个目标分别落实的方式来达成整节课的教学目标。每个目标分别落实的教学思路反映出的问题是教学缺乏整体设计。教师在教学中关注的是独立的、碎片化的知识点与技能点。学生学完后，并不能有效地将所学内容与生活中的实际问题或交流活动建立联系，这常常导致表面成绩高，但欠缺解决问题的能力。

学科核心素养的提出是对三维目标的发展与突破，强调通过课程的学习促进学生正确价值观念、必备品格和关键能力的发展，具有整体性、情境性与反思性的特征。其中，整体性是指以培养学生学科核心素养为目标的教学必须走出碎片化的知识点式教学，关注结构性的知识建构和综合运用。就英语课程而言，需要关注学生完成课程学习后，形成的新的认知结构、解决问题的方法以及价值观念。很显然，结构性的知识建构和综合运用很难通过碎片化的知识点式教学来达成。对主题相对全面的认知、理解与价值判断，需要在某一主题下，通过基于问题情境从多个维度建构与主题相关的知识，探究主题意义，才能形成。因此，基于学科核心素养的教学，需要教师根据学科核心素养的要求，重新构建教学体系，探索基于主题的单元整体教学设计。

二、什么是单元整体教学设计

单元整体教学设计是指教师根据《课程标准》要求，在深入研读教材的基础上，基于主题，重构教学内容，整体设计单元学习任务及各语篇的学习活动，使各语篇之间的教学活动相互联系，共同服务于单元学习任务的达成。学生通过一个单元的整体学习不仅要掌握教学内容包含的语言知识，更要形成基于单元主题的知识构建，形成可迁移的关键能力，促进学科核心素养的发展。

单元整体教学设计指的是一个学习单元的设计。很多教师在实施单元整体教学设计时存在困惑。因为英语教材按照单元编写，教师教学通常按照教材的内容单位开展教学。因此，很多教师认为自己在教学中已经开展了单元整体教学。那么教师在教学中按照教材单元实施的教学是否属于单元整体教学呢？这里就需要对“单元”概念进行界定。“单元整体教学”中的“单元”并不完全等于教材中的单元。教材中的单元是内容单位，教学设计中的单元是一个学习单位。学习单元是指一个完整的学习事件或一个完整的学习故事，即能够组织成一个围绕目标、内容、教学实施与评价开展的完整学习事件或任务。因此，单元整体教学设计应具备一个引领单元教学活动开展的驱动任务或问题。这一驱动任务或问题是贯穿整个单元教学的主线。教师根据驱动任务实施或问题解决的需要推进教学内容，设计教学活动，使单元教学更具有系统性和递进性，加强各部分教学的逻辑关联，避免驱动任务或问题与教学实施之间存在“两张皮”的现象。教师要判断自己的教学设计是否是单元整体教学设计，需要明确自己的教学设计是否有贯穿整个单元学习的任务主线，各部分的教学之间是否存在密切的逻辑关联，以及学生在完成学习后是否会形成基于本单元的整体认知和知识构建。

三、如何开展单元整体教学设计

单元整体教学设计不同于一节课的设计，需要教师从课程的大观念出发，根据《课程标准》要求，确定一个完整的教学活动主题，形成单元整体教学的核心理念。因此，教师在实施教学设计之前需要从课程知识建构的角度研读教材，确定单元教学目标，构建单元整体教学框架。具体而言，教师需要基于主题情境梳理本单元的语言知识、语言技能、语言现象、文化元素以及能够培养学生自主学习能力的相关内容，并对每次教学活动的具体目标、内容等进行规划，引导学生从不同维度对单元主题进行学习与探究，全面促进学生语言能力、思维品质、文化素养与学习能力的发展，形成可迁移的问题解决能力，发展学科核心素养。下面，以外语教学与研究出版社（以下简称“外研社”）出版的《英语基础模块 2 学生用书》中的 Unit 5 Travel Broadens the Mind 为例，介绍如何开展单元整体教学设计。

（一）明确单元整体教学的核心理念

要设计完整的学习活动或学习事件，首先要明确基于主题的学习要求。因此，教师在进行教学设计时，可以根据教材提供的教学内容，确定教学主题，并依据《课程标准》的要求，分析基于该主题应该如何进行学科核心素养的培养。以“Unit 5 Travel Broadens the Mind”为例，教师在对该单元的教学内容进行分析之后，可以对照《课程标准》所规定的主题范围及主题，明确本单元是在“人与自我”主题范围下，提供了针对“学习与生活”主题的学习内容。基于该主题的要求，本单元主要提供了与“旅游出行”相关的语言知识、语篇类型以及文化知识等学习内容。通过这些内容帮助学生构建以“旅游出行”为主题进行语言交流的能力，培养思维品质、相关文化素养，树立正确的价值观念等。

从教学内容的选择与组织看，教材主要围绕“旅游出行”的主题提供了部分著名景点名称的表达、关于出行准备的口头讨论、谈论旅游经历的对话、旅游城市特色介绍的语篇以及分享旅游感受的电子邮件等内容，可以看出，教材围绕单元主题，按照人们旅游出行的经历组织了熟悉景点、制订计划、交流旅游经历等学习内容，教材内容的编排可以帮助学生比较全面地了解“旅游出行”主题的交流内容，形成对“旅游出行”这一主题比较深刻的认知，形成正确的价值观念和行为取向，促进学生学科核心素养的发展。

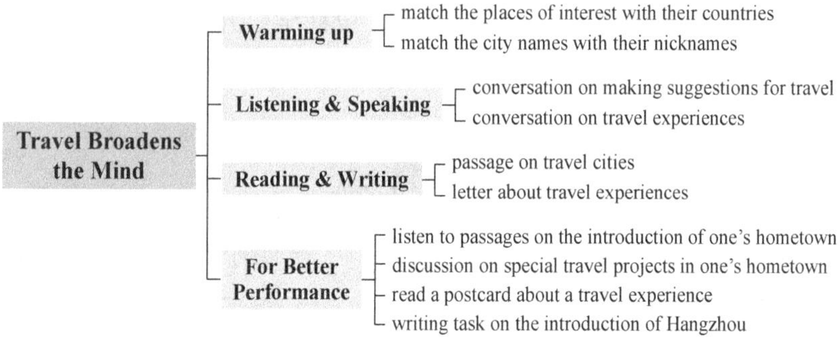

图 2 “Unit 5 Travel Broadens the Mind” 单元教学内容选择与组织

明确单元整体教学理念有利于教师梳理本单元的教学主线，指导教师开展单元教学活动设计，避免教学活动与单元主题脱节及各课时之间教学缺乏逻辑关联，加强教学的整体性。

（二）构建单元整体教学框架，制定单元教学目标，明确单元任务

明确单元教学理念后，教师应在教学理念指导下，进一步研读教学内容，梳理各部分教学内容与主题以及各部分教学内容彼此之间的关联，

构建单元内容框架及教学框架，制定单元教学目标。

以“Travel Broadens the Mind”为例，本单元属于“学习与生活”主题下“旅游出行”的内容。教材在导入部分提供了部分著名旅游城市及景点的名称，其目的是帮助学生了解旅游城市及场所，尤其是了解我国的著名景点。本部分与主题的关联是认识旅游场所。之后，通过对听说部分内容进行分析，可以发现听说部分包含两个对话：一个是关于旅游准备的讨论，另外一个是交流旅游经历。两个阅读语篇的内容分别为旅游城市特色介绍和旅游经历分享。这两个语篇与主题的关联主要体现在获取或介绍旅游景点信息，以及以书面形式交流旅游经历。通过对本单元主要教学内容的分析，可以看出本单元的教学内容包括：旅游景点介绍、出行准备、旅游经历分享等内容，基本可以覆盖一次完整旅游经历的语言实践交流。因此，教师可以按照旅游出行的过程重新组织本单元教学内容，即按照讨论旅游前应做哪些准备—推介旅游景点—信件形式分享旅游经历—面对面交流旅游感受，设计学生开展单元整体学习的主线，形成单元整体教学框架（见图 3）。

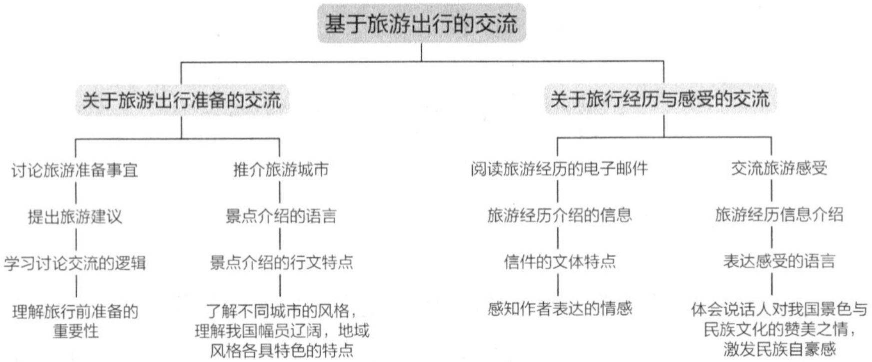

图 3　“Unit 5 Travel Broadens the Mind”　单元教学框架

进一步分析该单元的语篇内容，可以发现各语篇都是在“旅游出行”主题下展开的。通过介绍旅游景点、讨论旅游出行准备、分享旅游经历以及感受等多种方式，自然而然地融入了对我国自然景观和民族文化的介绍。同时，说话人和语篇作者对他们的所见所闻进行描述时，传达出强烈的民族自豪感，可以很好地激发学习者的情感共鸣。

通过确定单元主题，并按照主题进行单元教学内容的梳理与整合，加强了单元内各部分内容之间的内在关联，构建了围绕主题层层推进的教学内容及教学思路，也有利于教师在整体把握教学内容的基础上制定单元教学目标及整体规划单元教学活动。单元教学目标应结合单元主题，统筹考虑学生通过本单元内容的学习在职场语言沟通、思维差异感知、跨文化理解及自主学习四个维度的全面发展情况。在“Unit 5 Travel Broadens the Mind”这一单元中，单元目标应体现从单元主题中提炼的对景点的了解，景点介绍、出行准备、旅游经历分享及交流等角度的学习目标，各目标之间应具有关联性和建构性特征，共同促成学生在“旅游出行”主题下学科核心素养的发展（见表 10）。

表 10 “Unit 5 Travel Broadens the Mind” 单元教学目标

讨论旅游计划	• 能够听懂讨论旅游计划的对话，获取关于旅游地点名称、天气以及关于旅游准备物品的信息，例如 lakes, mountains, backpack, sneakers 等； • 能够按照总分的逻辑与他人讨论旅游出行计划或提出出游建议。
介绍旅游景点	• 能够读懂旅游景点的介绍，获取景点名称，景点特点的关键信息，例如 rich history, forget your worries, lined with cafés, special snacks 等； • 能够使用总分的语篇结构及“... is a city that...” “It has...”等介绍旅游景点； • 能够通过阅读景点介绍，感受到我国幅员辽阔的自然特点及地域文化多样的特征，激发民族自豪感和爱国情怀。
交流旅游经历	• 能够读懂讲述旅游经历的信件，获取主人公的旅游目的地、旅游期间的活动及感受的信息。
分享旅游感受	• 交流旅游感受时能够听懂对方关于旅游经历及感想的信息，例如 incredible trip, pretty special scenery, friendly people 等； • 表达和描述旅游经历时能够恰当地使用形容词和感叹句表达自己的情感； • 能够通过理解对话中关于中国景点的描述及说话人表达的情感，产生民族自豪感和爱国情怀。

基于本单元的教学内容及单元目标，确定本单元的学习任务为：你的外籍朋友或公司的合作伙伴到中国来，计划在中国期间安排一次出行。请为你的外籍朋友或公司的外籍合作伙伴推荐旅行路线并在他/她结束旅游后与其交流旅游经历。具体包括以下内容：

1. 与外籍朋友或外籍合作伙伴口头交流，了解他/她的旅游需求，提出简单的出行建议；

2. 根据外籍朋友或外籍合作伙伴的旅游期望，以书面形式推荐几个他/她感兴趣的旅游景点；

3. 口头与外籍朋友或外籍合作伙伴交流旅游经历，了解他/她的旅游感受。

（三）设计指向主题意义探究的教学活动及评价

单元整体教学设计中每个课时的教学活动设计都应指向单元整体教学目标的实现，即完成引领单元整体教学的真实任务或问题。因此，在实施单元内每个语篇的教学时，教师应关注每个语篇与单元整体目标的关系，抓住语篇包含的语言知识、语言技能、语言现象、文化元素，为通过语篇设计学习活动促进学生学科核心素养发展打好基础。

以“Unit 5 Travel Broadens the Mind”的听说课教学为例，讨论如何进行教学活动的设计。根据单元目标，本节课的目标是能够听懂讨论旅游计划的对话，获取关于旅游地点名称、天气以及关于旅游准备物品的信息，例如 lakes, mountains, backpack, sneakers 等；能够按照总分的逻辑与他人讨论旅游出行计划或提出出游建议；能够在推介中国某一旅游城市的过程中感受我国美丽的自然风光，培养学生对祖国的热爱，激发学生的民族自豪感。

通过研读语篇的主要内容、文体结构和语言特点等，教师围绕对话主题意义，梳理并整合出语篇的知识结构图，全面把握教学内容。基于语篇分析，教师设计层层递进、指向主题意义探究的学习活动，引导学生在主题引领下进行学习。通过语言学习理解、实践应用、迁移创新等学习过程，逐步形成基于主题的新知识结构。在解决问题的过程中，学生将逐渐形成对如何进行出行计划讨论这一话题的深层认知（见图 4）。

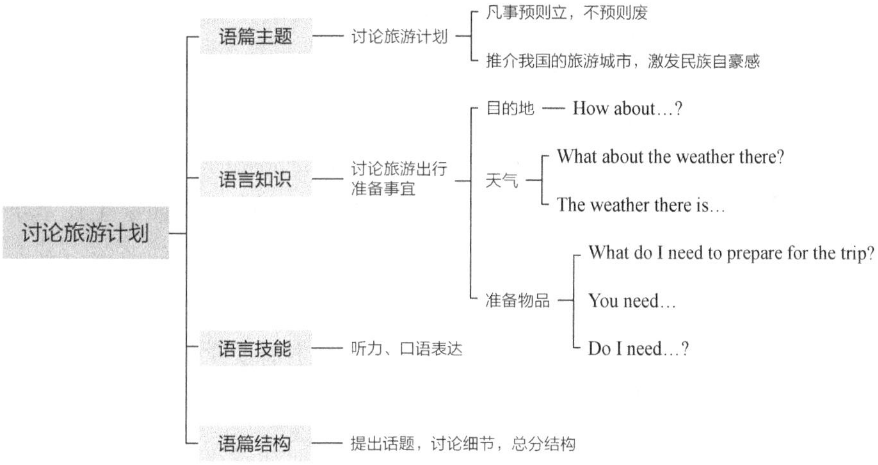

图 4 "Unit 5 Travel Broadens the Mind" 知识结构图

教学评价是教学设计的重要组成部分，单元整体教学设计旨在培养学生的学科核心素养。因此，教学评价的设计也应指向学科核心素养的培养，而不是仅仅就语言知识掌握情况或语言技能发展情况进行评价。本单元的教学评价就应该为关注学生是否通过单元整体学习具备了在“旅游出行”话题下进行交流的能力，并形成了正确的价值观念。这包括学生是否掌握了与本话题相关的语言知识、语言技能，在讨论交流过程中需要具备的逻辑思维和连贯表达能力，同时还应包括学生是否了解了我国常见的旅游城市或景点及其特征，是否愿意为他人推荐我国的景点，是否形成了对我国辽阔疆土及富饶旅游资源的认识，是否产生了民族自豪感等。因此，单元整体教学设计的评价是对学生在所学主题下学科核心素养发展情况的全面评价，而不是就某一个维度或几个维度展开的评价，其目的是及时指导和反馈教学效果，确保学科核心素养在课堂教学中的落实。

第三节

基于学科核心素养的语篇分析

《课程标准》提出的学科核心素养理念指导中职英语教学由原来重视知识传授和技能培养的课堂教学向关注学生职场语言沟通、思维差异感知、跨文化理解与自主学习等关键能力与必备品格综合发展的方向发生转变。这样的教学需要以主题为引领，以语篇为依托，让学生在基于主题创设的语言情境中，通过分析问题、解决问题或完成任务等方式实现语言能力、思维能力及文化品质的融合发展，形成学科核心素养。语篇是此类学习活动设计的重要基础。教学中学生需要学习的语言知识、语言技能、发展思维的语言现象以及学生需要了解的文化现象等都需要通过语篇传递给学生。因此，教学中使用的语篇并不像大多数教师所认为的那样只包含语言知识和语言技能。依据《课程标准》编写的国家规划教材所提供的语篇蕴含了培养学科核心素养需要的丰富教育元素，为教师实施指向学科核心素养的教学活动提供了重要的基础性材料。于是，教师在教学之前对教学使用的语篇进行深入地研读与分析，挖掘出语篇所蕴含的学科核心素养培养内容，理解语篇的育人价值，成为教学准备的重要工作。

一、语篇分析对教学设计与实施的重要意义

《课程标准》在课程内容中将“语篇类型”列为其中一个元素，并在“语言知识”中对“语篇知识”的学习做了说明和描述。要求学生不仅要学习不同的语篇类型，熟悉常见语篇结构，还要学习语篇的内在逻辑结构、语言特点和文体特征。《课程标准》指出语篇为学生的语言学习提供了主题情境、语言知识、逻辑结构以及语言意义探究等内容。语篇是学生语言学习的基础，教师在教学设计前深入研读与分析语篇，对于准确把握语篇对应的主题意义，挖掘语篇蕴含的学科核心素养要素与育人价值具有重要意义。

首先，深入分析语篇是确定教学目标的前提。教学目标是教学过程中师生预期达到的学习结果和标准，对教学活动的设计起着指导作用。教学目标的制定需要以语篇分析为基础。教材的编写以落实《课程标准》为目标，因此教材中语篇的选择都以《课程标准》规定的主题范围及主题确定语篇主题、语篇类型及语言内容等。教师深入阅读语篇，准确把握语篇的核心要义，确定语篇主题及内容有利于教师理解语篇在落实课程内容及课程目标方面发挥的作用。另外，教师在深入研读语篇过程中，全面挖掘语篇中蕴含的育人元素，包括语言知识、技能、文化知识、文体特征、逻辑结构等有利于教师全面把握学生在学习该语篇时应理解与掌握的相关内容，并从促进学生学科核心素养发展的角度准确定位教学目标。

其次，深入分析语篇有利于教师依据教学目标及语篇特点为学生设计有效的学习路径，实施有效教学。有效的教学方法是完成教学任务的重要保证，也是教学实现教学目标必不可少的手段。设计与使用有效的教学方法是提升教学质量的重要途径。教学方法与策略的选择受到学科特点、教学目标与内容、教学对象与教学环境等要素影响。其中，教学内容也是影响教学方法及策略选择的重要因素之一。例如，教学内容为对话时，教师通过分析语篇可以发现，基于对话内容学生既需要学习对话中出现的语言知识、对话的主题意义，也包括对话中运用的思维逻辑。基于教学内容与教学目标，教师会选择听说结合的学习方式，为学生创设基于对话主题的口头交流语言实践活动，帮助学生更好地掌握教学内容包含的语言知识、语言技能以及与主题相关的文化知识、思维品质等，以达到更好的教学效果。但是，如果教学内容为阅读语篇，教师在分析语篇时还需要考虑语篇类型并对不同语篇类型的文体特征、语言特点、使用情境等进行深入分析，并根据不同类型语篇的学习要求为学生设计不同的学习活动，提高学生的学习效果。

二、如何进行语篇分析

语篇分析是由美国结构主义者 Harris 提出，并于 20 世纪 60 年代中期开始形成一个独立的研究领域，并形成了丰富的研究成果。虽然研究者对语篇分析的界定并不一致，但是也形成了一定的共识。通常来讲，语篇分析是指对超出单句长度的语言段落进行语言分析，主要涉及语言与它使用的语境之间的关系。学术界关于语篇的分析主要是针对语言本身及语言与语用功能等角度进行的研究。王蔷在英语教学中对语篇的分析则更强调从教育教学需求的角度对语篇进行分析。相关学者也对如何将语篇分析应用于外语教育教学开展了研究。提出从主题、内容、文体、语言和作者五个角度进行文本解读。赵晓华提出通过对文本表层和深层的评价性理解、文本结构分析、词汇学习运用活动和经典句子赏析等方式进行语篇分析。结合《课程标准》对培养学科核心素养的要求以及对课程内容的规定，笔者认为可以根据在课堂教学中落实学科核心素养培养的要求，按照主题意义、语篇类型及文本特点、文化知识、语言知识及技能、语言学习策略等要素对语篇进行分析，全面挖掘语篇蕴含的育人价值。

对语篇的主题意义以及文化知识进行分析，主要是为了明确语篇讨论的核心问题是什么，以及为什么要讨论这个问题，这个问题涵盖了哪些文化现象或价值观讨论。对语篇主题意义进行分析有利于帮助教师确定教学的主题情境以及准确把握语篇的价值。对语篇类型及文本特点的分析是在教师把握了语篇主题与价值后进一步探索对话中的说话人或语篇作者讨论核心问题的方式，即“说话人是以什么样的方式开展对这一主题的交流或以哪一种类型的文本来表达自己的观点？这一类型文本在讨论这类问题方面有什么样的优势？语篇中的观点是如何呈现的？素材是如何组织的？”等问题。对语篇类型及文本特点的分析有利于教师深刻把握语篇在促进学生思维能力以及语用能力发展方面的重要价值。对语言知识与技能的分析则主要关注说话人或作者在讨论这一主题时使用了哪些语言知识。例如，有哪些与主题相关的单词、短语、句型等。当然，不同的语篇类型也涉及相应的语言技能。例如，以对话形式呈现的语篇主要涉及听、说等语言技能，而以阅读形式呈现的语篇则主要涉及阅读技能等。为促进学生自主学习能力的发展，教材编写时在每个单元的教学内容中都融入了语言发展策略与语言学习策略的相关内容。教师在研读与分析语篇时需要挖掘出相关的教育元素为学生设计自主学习活动，帮助学生不断提高自主学习能力。

对语篇的研读与分析虽然有一定的方法和维度可以供教师参考，但是否能在研读语篇的基础上挖掘出语篇的育人价值，还有赖于教师自身的专业素养与生活阅历。提升语篇研读与分析能力不是一蹴而就的，需要教师不断加强学习，拓宽视野，创新思维，提升专业能力，加强对语篇解读的能力。

三、语篇分析案例

语篇分析在教学设计中的重要意义告诉我们，教师在研读与分析语篇中能否挖掘出语篇蕴含的教育教学元素，直接影响教学设计与实施的深度与高度。如果教师从语篇中看到的仅仅只有词汇、句型、语法等语言知识或听力、口语等语言技能，那么，基于这样的语篇分析，教师设计的教学活动就会指向语言知识的学习和语言技能的训练，学科核心素养的培养也就没有了落实的途径和载体。没有主题、语境，没有学生对语篇深层次的学习和理解，学科核心素养是不可能落实的。那么如何从语篇中挖掘出学科核心素养培养需要的要素呢？我们以一个听力对话的语篇分析进行讨论如何按照主题意义与文化知识、语篇类型及文本特点、语言知识及技能、语言学习策略的维度进行语篇分析。

听力对话原文：

Zhou Bo: I've joined the Earth Protection Project at school.

Wu Lin: What's it about?

Zhou Bo: It calls on people to change their daily habits to protect the earth.

Wu Lin: For example?

Zhou Bo: I used to leave my computer and television on standby when I slept.

Wu Lin: Oh, that's really a waste of energy.

Zhou Bo: Now I turn them off as soon as I finish using them.

Wu Lin: Good for you. I used to run the water while brushing my teeth, but now I turn it off.

Zhou Bo: You are right. Every small action is of great help.

（选自外研社版《英语基础模块 1 学生用书》Unit 5 We Have Only One Earth!）

语篇分析：

主题意义：本对话的主要内容是 Zhou Bo 和 Wu Lin 讨论改变自己的行为践行环保理念。对话主要谈论了说话人以往哪些行为不环保，现在如何改变。对照《课程标准》规定的主题范围、主题和内容要求，该对话属于“人与自然”的主题范围下，“可持续发展”主题的“环境保护”的内容。对话情境是两个关系比较亲密的朋友讨论自己按照环保理念作出了哪些改变。学习该对话可以让学生了解环保的重要意义、理解环保与每个人的关系。

语篇类型及文本特点：教学内容为对话类语篇，即口语语篇，服务生活中的口头交流。交流的核心内容为主人公 Zhou Bo 参与的一个保护地球项目对人们改变生活习惯保护环境的号召及主人公 Zhou Bo 与 Wu Lin 各作出了哪些改变。对话中 Zhou Bo 与 Wu Lin 分别交流了自己根据节能环保的要求改变了哪些日常生活习惯。例如，Zhou Bo turns the computer and television off as soon as he finishes using them; Wu Lin turns off the tap while brushing her teeth. 两位主人公就话题展开对话时，采用了先明确主题再讨论细节，最后总结观点，表达情感的方式。对话先由 Zhou Bo 介绍自己参加了学校的 Earth Protection Project 开始，然后聚焦到 calls on people to change their daily habits to protect the earth，之后，两位主人公分别就自己如何改变生活习惯进行了细节讨论，最后 Zhou Bo 对更多人加入环保活动的重要意义表达了自己的看法。对话逻辑非常清晰。因为是口语语篇，所以语言相对简单，采用了比较口语化的表达。例如，What's it about? For example? 等。

文化知识：对话中包含了与环保相关的节能与可持续发展等内容，同时在对话交流过程中，Zhou Bo 讲到“Every small action is of great help.”，这句话的内容反映了中华优秀传统文化中的“积少成多、积沙成塔、集腋成裘”，凡事从小事做起，只要坚持不懈地做下去都会有大成就的观点与理念。

语言知识及技能： 对话讨论的是环保背景下人们生活习惯改变的内容，所以对话中主要使用的语言知识为与环保及描述人们生活习惯相关的词汇。例如，earth protection, leave... on, waste of energy, turn off 等。因为要描述行为习惯的变化，所以涉及过去怎么做，现在怎么做等内容的表达，所以对话中使用 used to do 表达过去的行为，使用一般现在时表示现在的行为方式。

语言策略： 教材中的对话呈现了主人公对环保背景下自己行为方式变化的交流。对话除了呈现语言知识与文化内容外，还包含了人与人交流过程中如何使用恰当的语言表达自己的观点，如何在交流过程中通过关键词汇理解对话表达的核心观点与内容，以及如何发起及结束对话等内容。

从上面的语篇分析案例可以看出，语篇研读与分析对教师把握语篇内容，确定正确的教学目标具有重要意义。为确保学科核心素养的落实，教材在编写过程中对语篇进行了筛选与加工，将学科核心素养的要素融入语篇内容中，教师在使用语篇实施教学时应深入研读语篇，挖掘语篇中蕴含的学科核心素养要素，选择恰当的教学方法在教学中落实学科核心素养的培养。

第四节
基于学科核心素养的课堂教学设计

上一节讨论了如何进行语篇分析。通过语篇分析获得的信息，最终要转化为教学设计，包括课堂教学目标、情境创设、学生活动的方式及内容等。我们仍然以语篇分析中的听力对话为例，讨论如何开展基于学科核心素养的教学设计。

听力对话原文：

Zhou Bo: I've joined the Earth Protection Project at school.

Wu Lin: What's it about?

Zhou Bo: It calls on people to change their daily habits to protect the earth.

Wu Lin: For example?

Zhou Bo: I used to leave my computer and television on standby when I slept.

Wu Lin: Oh, that's really a waste of energy.

Zhou Bo: Now I turn them off as soon as I finish using them.

Wu Lin: Good for you. I used to run the water while brushing my teeth, but now I turn it off.

Zhou Bo: You are right. Every small action is of great help.

（选自外研社版《英语基础模块 1 学生用书》Unit 5 We Have Only One Earth!）

首先，教师应制定指向学科核心素养的教学目标。教学目标是对学生参与教学活动后，将会取得的学习结果的描述。在教学过程中，教学活动以教学目标为导向，并且始终围绕实现教学目标开展。因此，教学目标引领教学活动的推进与展开。在以知识学习为目标的阶段，教学目标都是围绕如何讲授或学习哪些语言知识来设计。当发展到注重语言能力培养之后，教学目标就围绕构成综合语言能力的要素来设计，也就是之前使用的三维教学目标。随着《课程标准》的颁布，中职英语教学开始了新一轮的教学改革，培养学生学科核心素养成为课程的育人目标。因此，教学目标的制定必须体现应培养学生哪些学科核心素养。

中职英语的学科核心素养是学生运用语言分析问题、解决问题或完成任务过程中，知识、能力、情感、态度、文化意识、思维能力等要素的综合体现，教学目标应该体现学科核心素养的这一特征。我们尝试以语篇分析的对话为教学内容，根据学科核心素养要求制定听说课的教学目标：

在本课学习结束时，学生能够：

1. 获取有关谈论环保主题对话的关键信息，例如 the Earth Protection, change… daily habits, is of great help 等；（职场语言沟通）
2. 对比并说明说话人环保行为的变化，例如 I used to do sth 与 Now I do sth；（思维差异感知、职场语言沟通）
3. 根据提示，与同伴讨论如何在生活中改变自己不环保的行为；（思维差异感知、职场语言沟通、跨文化理解）
4. 能够根据交流主题，搜集相关资料，说明自己依据环保活动要求作出了哪些改变，以及自己对参与环保活动有哪些感受和想法。（思维差异感知、职场语言沟通、跨文化理解、自主学习）

可以看出，根据核心素养要求制定的教学目标，是整合了知识、技能、文化、思维等要素的综合性表述。目标中每一条内容都是多个要素的整合，这样的教学目标有利于引导教师在教学中设计更有整合性、关联性和实践性的教学活动，有效落实学科核心素养。

其次，教师要基于单元主题创设语言学习情境。学习情境的创设在教学实施中发挥着非常重要的作用。情境的创设具有渲染气氛，激发兴趣等作用。但实际上，情境创设更重要的意义是，让学生通过参与、体验类似知识产生或运用过程的情境，更加直观地、富有意义地、快乐地理解知识或发现问题乃至创造知识。所以，情境创设对学生更好地理解所学内容以及形成运用所学解决真实问题的能力起着重要作用。

上面的示例是以环境保护为主题的听说教学。教师可以创设一个什么样的语言情境才能让学生更好地体验和理解所学内容？语言是人们交流的工具，语言学习内容本身就是在情境中出现的，尤其是听说学习内容。以这个对话为例，在人们越来越重视环境保护的社会背景下，很多人都在改变着自己的生活方式和日常行为。结合这个主题，教师可以通过展示生活中常见的环保相关图片，和学生讨论他们在生活中关注到的环保现象，激活学生的已有知识和关于这个主题的认知经验。例如，展示一些生活中的图片并提问：What are they doing? Do you think what they do is right? 情境创设可以将学生的注意力引向即将学习的主题，帮助学生调动与主题相关的知识储备和认知背景。当然，创设情境的方式可以很多，教师不必拘泥于某一种方式。但在创设情境时，必须考虑以下四条原则：

第一，围绕单元主题，联系学生生活。

《课程标准》规定的主题范围覆盖了生活的方方面面，学生是否熟悉教师创设的情境与学生能否通过情境创设很快进入单元主题的学习，提高学习效率有很大关系。例如，在学习以“旅游出行”为主题的单元时，教师可以创设与学生交流个人出行经验的情境，让学生很容易地进入到单元的学习中。但是，如果教师以分析不同地区人们旅游出行目的差异或分析旅游出行交通方式报告等作为本单元的语言情境，就很难通过情境激发学生的学习兴趣，反而会因为创设的情境专业性太强使学生产生畏难情绪，无法达到情境创设的目的。

第二，体现学科特点，紧扣教学内容。

教学情境的创设应体现学科特点并紧密结合教学内容。英语课堂教学中的情境创设应注重体现语言应用。语言是交流的工具，具有很强的交际性。因此，教师在创设情境时一定要结合教学中语篇的特点，创设真实性的语言学习情境。例如，在学习听力对话时，教师应尽可能为学生创设与听说交际相关的语言情境，引导学生体验在类似情境中语言使用的方式与意义。

第三，能够有效引发学生思考。

教学情境引发学生思考的作用常常会被教师忽略。通常教师更倾向于以音乐或动画等音视频资源作为情境创设的手段。不可否认，这些内容确实很吸引学生，也能够很好地烘托氛围，但是教师需要思考的是，听完歌曲，看完动画之后，学生是否能够对即将学习的主题产生思考，是否产生想要进一步学习的愿望。只有能够引发学生对所学主题和内容进行思考并产生问题，愿意进一步探索的情境才是有效的情境创设。

第四，能够引发学生的情感共鸣。

通过创设情境引发学生的共鸣主要是指教师在创设情景时应考虑学生的知识背景与生活阅历，尽可能贴近学生的生活实际来创设情境，让学生更好地理解所学内容与实际生活的关系，更好地激发学生参与学习活动的主观愿望。

通过情境导入学习主题后，教师可以呈现基于单元主题设计的真实问题或任务，组织学生在问题或任务引领下进行新知学习。在通过情境激活学生已有知识，铺垫必要的语言和文化背景知识后，教师可以呈现出要解决的问题或要完成的任务，以解决问题为目的，组织学生从语篇学习中获得新知，为解决问题或完成任务做准备。

结合本节课的教学内容，教师可以为学生设计一个以“earth protection”为主题，开展对周围人生活习惯变化的调查，看看在环保活动中人们的生活习惯发生了哪些方面的变化。

Task: Make a survey on how people change their daily habits to protect the earth and share what you find in class.

No.	Name	In the past	Now
1			
2			
3			
4			

出示任务后，教师可以和学生共同讨论如何完成这个任务。通过分析，教师可以引导学生认识到，要完成本任务，他们不仅需要了解应该调查哪些内容，采集信息后用什么语言表达，还需要用图或表的方式对计划的内容进行梳理，并用有效的方式介绍出来。这些内容其实就是针对这节课对应的学科核心素养设计的真实问题。通过设计真实任务，教师在教学内容与真实应用之间建立了联系，也为教学活动提供了方向。指向学科核心素养的教学目标与真实的语言情境都为通过教学活动落实学科核心素养提供了良好的基础。要想使教学活动成为落实学科核心素养的途径，就要注意教学活动的整合性、关联性和实践性。下面，我们就尝试按照学习理解、应用实践和迁移创新三个层次来设计本节课的教学活动。

课堂教学中的第一个层次的活动为基于语篇的学习理解类活动。这个层次的活动主要目的是帮助学生学习解决真实问题需要的语言知识、语言技能、思维方式与文化知识。在这个层次的活动中，学生在教师依据教学内容设计的学习活动中获得解决问题或完成任务的知识与方法。因此，这个层次的活动以知识学习为主，但是不能仅关注知识。例如，在本次听说课教学中，教师可以结合学生的调研任务设计学习理解类活动。这类活动可以是让学生听对话获取对话主题。这是以知识学习为主的活动，但是这个活动不能简单地设计成选择题，完全以知识学习为目的，而是应该将知识的学习放置在教师创设的学习情境中，让学生在学习知识的过程中思考所学内容在真实交际中的意义与功能。因此，情境的创设与教师的教学指示语在这个层次的活动中尤为重要。学习理解类活动还用于对话中细节信息的获取与梳理。例如，在听本对话的时候，教师可以设计让学生获取两位主人公行为改变的具体信息，即 Task: Listen to the conversation and match the daily habits with the right persons. 这个活动的设计，一方面可以训练学生听对话获取细节信息的能力，学习表达行为习惯的词汇；另一方面可以让学生了解获取调研对象行为习惯信息的方法。

Task: Listen to the conversation and match the daily habits with the right persons.

Name	**In the past**	**Now**
Zhou Bo	Left the computer and television on standby when I slept	
Wu Lin		

Daily habits
• Turn them off as soon as I finish using them • Ran the water while brushing my teeth • Turn it off

信息获取与梳理活动可以让学生学习与主题相关的重点单词、短语等语言知识，训练学生捕捉细节的能力。但是这并不是学习理解活动的所有内容，学习理解类活动还要帮助学生学会如何处理信息，将这些信息与主题语境之间建立联系。例如，在这个对话的学习理解类活动中，

学生不仅通过听对话获取了说话人行为变化的信息，还对信息进行了归类，这样的设计有利于帮助学生在这些要素和主题之间建立逻辑关系，也有利于学生理解对话中信息与信息之间的关系，所以这个活动既包含了知识的学习，也包含了逻辑思维的训练。

课堂教学中第二层次的活动为语言应用实践类活动。这个层次活动的目的是让学生深度理解语篇，并训练学生的语言实践应用能力。例如，本节课中，在学生获取并梳理基本信息后，教师可以设计让学生运用信息阐述事实的活动，即 Task: Describe what changes Zhou Bo and Wu Lin have made to save energy. 这个活动的设计，一方面训练了学生的语言应用能力；另一方面训练了学生归纳总结的能力，以及如何根据交际的目的组织语言和表达的能力，这也是学生在完成调查进行结果汇报时需要具备的能力。

Task: Describe what changes Zhou Bo and Wu Lin have made to save energy.

Daily habits they have changed

Name	In the past	Now
Zhou Bo	Left the computer and television on standby when I slept	Turn them off as soon as I finish using them
Wu Lin	Ran the water while brushing my teeth	Turn it off

课堂教学中最后一个层次的活动应为迁移创新活动。所谓迁移创新活动也就是要让学生基于学习形成自己的观点和判断。这是以往教学容易忽略的部分，但在学科核心素养的培养中恰恰是非常重要的部分。很多教师认为课堂教学中的对话练习就是迁移创新。的确，如果完成对话学习后，学生能够应用所学完成一个真实的或接近真实的交际活动，这就是迁移创新活动。但是，如果学生只是表演对话或仿照原文补全对话，这类活动并不是迁移创新类活动。能够培养学生迁移创新能力的口语输出活动应该是联系实际生活的综合表达任务。仍以本对话内容为例，教师可以在完成听力教学后，先设计让学生运用对话所学表达谈论自己在

环保方面的行为改变，巩固所学内容。之后，教师可以让学生结合生活实际调研周围的同学、老师、家长、朋友等的生活习惯，发现人们都为环保做出了哪些改变，即 Task: Make a survey on how people change their daily habits to protect the earth and share what you find in class. 这个任务的设计为学生提供了创造性地运用所学语言知识进行表达的机会。同时，这个任务的主题、内容、交流形式等都与所学语篇相同。因此，通过完成这个综合性任务，学生在本节课中所学习的语言知识、语言技能、交流逻辑以及与环保相关的价值观念等都可以得到应用，有利于学生核心素养的培养。当然，学生完成这一类的活动还是有难度的，为了保证活动的顺利进行，活动前，教师可以给予充分的指导和示范，以免学生因为缺乏解决问题的方法和知识将问题解决活动变为一个简单的对话背诵或复述。此外，为了更好地落实学科核心素养，如果教学内容没有涉及职业场景，教师可以在设计语言实践活动时将活动内容拓展到职业场景，以便训练学生在相同主题下的职业场景中进行语言交流的能力，从而更好地落实学科核心素养的培养，尤其是学科核心素养中关于职场沟通的要求。

Task: Make a survey on how people change their daily habits to protect the earth and share what you find in class.

No.	Name	In the past	Now
1			
2			
3			
4			

但迁移创新类活动不仅只有这一个类型，基于对话内容的推理论证、批判与评价等活动都属于迁移创新类活动。因此，教师在教学中可以设计让学生对所学内容进行分析、推理、判断、评价，形成个人对语篇内容的看法、观点、推测未来发展的活动。以本对话为例，教师可以

结合对话中的一个观点“Every small action is of great help.”让学生给出自己的观点。教师可以问学生是否认同这一观点，也可以让学生再给出一些关于环保的建议等。例如，教师可以在学习对话后提出“Do you think it is important for everybody to make a change in their daily life? ”或者“Can you give any suggestions on how to save energy? ”等问题。这些话题和讨论都是综合了语言知识、技能、文化和思维的训练，属于高层次的学习内容。很多教师会担心学生的语言能力达不到这类活动的要求，导致活动不能实施。为解决这个问题，教师可以在讨论过程中放宽对学生语言的要求，不必要求所有学生用英语表达自己的观点，因为这个活动的核心要义是引发学生对对话主题及所学内容的思考，并形成自己的观点和认知。因此，如果学生使用英语表达观点有困难，教师可以鼓励学生使用汉语表达观点，参与讨论。同时，教师可以在讨论结束后结合学生表达时存在的语言困难给予语言知识的补充，将语言学习与价值观引导有机融合。

总结而言，核心素养背景下听说课的教学设计可以概括为四点：

其一，通过主题引领教学活动。教学的主题应基于《课程标准》，来源于实际生活；

其二，在教学中要创设真实情境，并将情境贯穿于教学始终，而不仅仅是用于教学的开始，激发学生的兴趣，渲染课堂氛围；

其三，注意教学活动的整合性与内在逻辑关联。通过具有整合性、关联性和实践性的教学活动让文化的学习，思维感知等素养与语言知识学习与技能训练相融合；

其四，要将核心素养的培育贯穿于教学的始终，如果前三点我们都做到了，那么这一点或者说学科核心素养在教学中的落实，就是水到渠成。

附：

Unit 4　How can I get there?
第三学时教学内容

一、教学背景分析

（一）教学内容分析

本节课内容选自中职英语国家规划教材外研社版《英语基础模块 1 学生用书》。

【What】语篇以中国高铁、飞机为代表的交通方式的发展为人们生活带来便利为主要内容，通过形容词的比较级和最高级等形式展现不同交通方式的优点，让学生了解到交通方式的变革让世界变成了一个地球村，促进全球互联互通。

【Why】语篇简要介绍高铁和飞机出行的优点，说明交通方式的发展促进全球互联互通，引导学生讨论不同交通方式的优点，为第三课时和第四课时的任务，即根据双语幼儿园新任外教的出行需求和偏好，推荐恰当的交通工具，提供语言和思路上的准备。

【How】语篇围绕交通方式的发展以及给人们出行带来的便利展开，可以概括为“开篇—主体—总结”，这一结构特征首尾呼应，便于学生根据已有的中文语篇结构知识自行进行总结。同时本语篇语言特征鲜明，包含了与主题相关的形容词的比较级和最高级。如 the most extensive high-speed railway network, more convenient, the best choice, a smaller place, cheaper and more efficient 等用来描述不同交通方式的优点。在教师的引导下，学生通过比较能够理解形容词的比较级和最高级不仅是语言知识点，更具有实际语用功能。

（二）学生情况分析

1. 学生基础

（1）知识基础

学生已经掌握常见的交通方式词汇，如 subway, bus, airplane 等；学生了解用于描述交通发展和交通工具特点的简单形容词，如 fast, convenient 等；学生知道形容词的比较级和最高级的用法。

（2）能力基础

学生能听懂问路、指路的对话，能够简单介绍学校周边地点和设施概况，并能根据地铁线路图介绍出行路线。

2. 预计困难及解决措施

问题 1：学生在理解语篇观点与证据之间关系，以及在内容分析基础上理解语篇蕴含的民族自豪感方面存在困难。

解决措施：细化阅读环节，让学生通过快速阅读理解语篇主旨大意，之后通过细节阅读提取语篇关键信息，通过教师的问题引导帮助学生理解语篇观点与支撑信息之间的关系，培养学生的逻辑思维能力。最后，引导学生结合自己的生活体验感受语篇中的情感。

问题 2：学生不能准确且恰当地使用形容词的比较级和最高级来描述某种交通工具的优势，从而完成推荐交通方式的任务。

解决措施：采用“三步走”的策略来解决这个问题。首先，组织学生回顾语篇中描述交通工具时对形容词的使用，总结出比较级和最高级的功能用法；然后，通过思维导图的训练帮助学生梳理出描述不同交通工具特点时需要使用的形容词；最后，通过向外教推荐恰当交通工具的任务，为学生提供在实际情境中使用形容词比较级和最高级的实践活动。

二、教学目标及重难点

（一）教学目标

1. 能够获取文章大意——交通方式的变革给人们生活带来便利。（职场语言沟通）

2. 能够提取语篇中讨论的交通工具的种类及描述交通方式特点的信息。（职场语言沟通，思维差异感知）

3. 能够运用比较级和最高级介绍不同交通方式的优点，并根据学习任务为外教推荐恰当的交通工具。（职场语言沟通，自主学习）

4. 能够理解并体会到作者对中国交通快速发展的自豪之情，感受“中国速度”给生活带来的便利，进一步坚定文化自信；认识到交通发展让世

界互通互联，树立人类命运共同体的意识。（思维差异感知，跨文化理解）

（二）教学重难点

教学重点：

1. 能够运用略读和扫读等阅读策略获取文章大意——交通方式的变革给人们生活带来便利。

2. 提取文中交通工具的种类及交通方式特点的信息。

3. 准确且恰当地运用形容词的比较级和最高级介绍不同交通方式的优点。

教学难点：

1. 获取交通变革给人们生活带来便利这一文章大意，理解作者对中国交通快速发展所持的自豪态度。

2. 准确且恰当地运用形容词的比较级和最高级介绍不同交通方式的优点。

三、教学资源与策略

通过设置职场任务，使语言学习更聚焦于实际运用，在教学过程中落实学科核心素养。使用图片、视频等资源来激发学生的学习兴趣，鼓励学生在小组内充分交流讨论、贡献思路、达成共识，并通过自评与互评发展总结、归纳与独立思辨的能力。

四、教学过程

（一）教学流程图

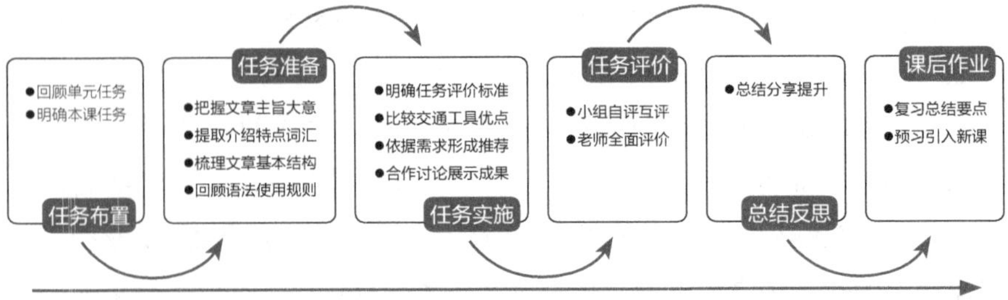

（二）教学过程

教学环节	教师活动	学生活动	设计意图	互动模式与时间
Step 1 Task assignment	**Warm-up** 1. Clarify the unit task and the subtask for this lesson： Recommend the appropriate means of transport for the new foreign teachers in your kindergarten according to their travel plans.	Ss analyze the task and get clear about what they are going to do.	明确单元总任务与本节课的任务。	CW 1′
	2. Make simple comment on Ss' performance of the last subtask and help Ss review the words about transport.	Ss look at the pictures and name the means of transport.	呈现不同交通工具的图片，学生回顾词汇，自然引入课题。	CW 1′
Step 2 Preparation for the task	**Fast reading** 1. Show the picture of a high-speed train in Activity 1 and ask Ss to predict the content of the text. *Q: Look at the picture and guess what the text is about?*	Ss look at the picture and give answers.	引导学生在看图文结合的语篇时，关注配图的内容及作用，提升读图预测能力。	CW, IW 1′
	2. Ask Ss to read through the first paragraph and check their prediction.	Read through the first paragraph and find out the key point of this paragraph.	通过快速浏览，验证读前预测，初步了解文章内容。	CW 1′

（CW：班级活动；IW：个人活动；GW：小组活动）

续表

<table>
<tr><th>教学环节</th><th>教师活动</th><th>学生活动</th><th>设计意图</th><th>互动模式
与时间</th></tr>
<tr><td>Step 2
Preparation
for the task</td><td>3. Ask Ss to scan the text and answer the question:
How many means of transport are mentioned in the text?</td><td>Ss scan the text and underline the answer.</td><td>带着问题阅读课文，快速捕捉关键信息。</td><td>CW, IW
1′</td></tr>
<tr><td></td><td>Intensive reading
1. Ask Ss to find out the features of each means of transport and note down the key adjectives.
Work in groups and discuss<table><tr><th>Transport</th><th>Key adjectives to describe the features</th></tr><tr><td>rail</td><td></td></tr><tr><td>air travel</td><td></td></tr></table></td><td>Ss read the text and complete the chart individually.
Ss have a discussion with their group members.</td><td>学生积累描述交通方式的形容词，为任务的完成做词汇的准备。</td><td>IW, GW
3′</td></tr>
<tr><td></td><td>2. Invite Ss to share their answers in class.</td><td>Ss read out the sentences or the words they find in the passage.</td><td></td><td>IW
2′</td></tr>
<tr><td></td><td>3. Explain difficult words while checking the answers.
Key words:
extensive/network/convenient/efficient</td><td>Ss learn the words with T and take notes.</td><td>处理阅读中的重点词汇。</td><td>CW
3′</td></tr>
</table>

续表

教学环节	教师活动	学生活动	设计意图	互动模式与时间
Step 2 Preparation for the task	4. Ask Ss to read the last paragraph and answer the following questions: (1) *How does the author feel about the development of the transport?* (2) *What is the purpose of the paragraph?*	Ss read the last paragraph and answer questions.	了解作者的态度，以及最后一段话的作用，总结全文结构。	CW, IW 1′ CW/IW 1′
	5. Help Ss to sum up the structure of the text. 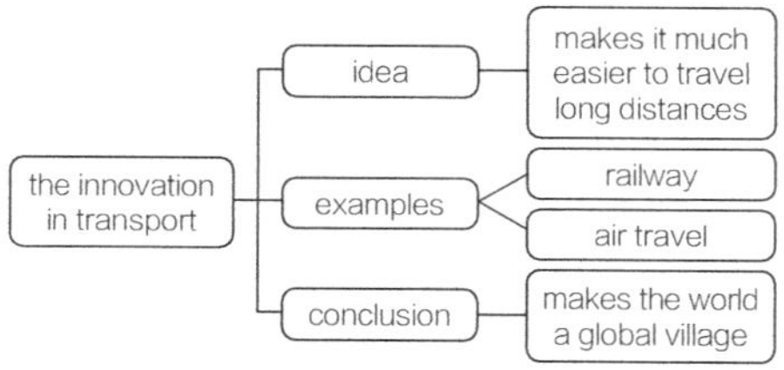 	Ss sum up the structure of the text with the teacher's help.	全面理解文章主旨，加深体会，提升民族自豪感。	CW, IW 1′
	6. Ask Ss to think about the question again: *What is the text about?*	Ss try to give a comprehensive idea of the text.		CW, IW 2′
	7. Ask Ss to read the text after the recording.	Ss read after the recording.		CW, IW 1′

续表

教学环节	教师活动	学生活动	设计意图	互动模式与时间
Step 2 Preparation for the task	8. Ask Ss to answer the question: *Do you agree with the author's idea? Why?*	Ss share opinions with the class.	引导学生发现形容词的比较级和最高级的作用。回顾比较级和最高级的规则与用法，为任务的完成做好语法准备。	CW 1′
	9. Ask Ss to read the text together.	Ss read the text again.		CW/IW 1′
	Grammar Learning 1. Show Ss the chart and ask the question: *How does the author highlight the advantages of transport?* **Work in groups and discuss** <table><tr><th>Transport</th><th>Key adjectives to describe the features</th></tr><tr><td>rail</td><td>extensive convenient good</td></tr><tr><td>air travel</td><td>small cheap efficient</td></tr></table>	Ss answer the question and find out how the author uses comparative degree and superlative degree to highlight the advantages of transport.		CW 1′
	2. Define comparative degree and superlative degree of adjectives.	Ss review the basic usage and rules with T.		CW/IW 2′

续表

教学环节	教师活动	学生活动	设计意图	互动模式与时间
Step 3 Implemen-tation of the task	**Discuss and find out the features of each means of transport**			
	1. Ask Ss to review the task and provide Ss with reference for 4 means of transport.	Review the task and get the reference.	回顾本节课任务。	CW 1′
	2. Explain the evaluation criteria to the students.	Get to know the criteria.	了解评价标准。	CW 1′
	3. Arrange Ss to work in groups and ask them to find out the features of the transport in the reference and complete the mind map.	Ss work and have a discussion in group.	阅读补充材料，提炼其他交通工具的优点，完成思维导图，为任务的完成扩充语言素材。	GW 3′
	4.Take one mind map as an example and check with the class.	Ss exchange answers with other groups and correct mistakes.		CW 2′
	5. Ask Ss to give comments.	Ss make comments on other groups' work.		IW 1′
	6. Give the feedback to each group.			CW 1′
	Make recommendations			
	1. Ask Ss to make the final recommendation according to the mind map and give reasons.	Ss conduct group work.	依据学习成果完成任务，通过输出进一步巩固所学内容。	GW 8′

续表

教学环节	教师活动	学生活动	设计意图	互动模式与时间
Step 3 Implementation of the task	2. Ask Ss to work with their group members and provide help when necessary. 3. Ask Ss to share their ideas in class.	Ss share their ideas in class		
Step 4 Evaluation	1. Ask Ss to conduct self and mutual evaluation. 2. Give feedback.	Ss conduct self and mutual evaluation.	通过自评、互评、师评，发现问题，改进不足，提升思维能力。	GW, CW 2′
Step 5 Summary & self-reflection	Invite Ss to make a summary of what they have learned.	Ss share what they've gained.	学会反思，培养良好的学习习惯。	CW 1′
Step 6 Homework	**Assign homework** *(1) Revise the mind map and submit it on the platform.* *(2) Write a message to tell the foreign teachers the means of transport you recommend and give your reasons.* *(3) Prepare for the next subtask.*	Ss think about the question. Submit the mind map. Write messages to the foreign teachers. Finish off online tasks.	引导学生思考如何做出全面、客观的判断，引出下节课内容。完成作业，为下节课学习做好准备。	CW 1′

五、案例说明

本单元结合教材提供的学习内容，为学生设计学用结合的实践任务：作为双语幼儿园的一名教师，帮助刚刚来我园任教的外籍教师尽快熟悉生活环境。该任务由三个子任务构成。子任务一：帮助外教熟悉学校的周边环境；子任务二：帮助外教了解北京的地铁线路；子任务三：根据外教的旅游计划为他们推荐恰当的交通工具。

本课为单元的第三课时，通过完成阅读任务，学习使用比较级和最高级介绍交通工具的优点，并完成子任务三的第一阶段，起到承上启下的作用。

在教学过程中关注学生，鼓励学生根据所学内容并结合自身体验，对我国交通事业飞速发展的所学、所感、所悟进行分享，将课程思政渗透在课堂教学中，实现课程育人的目标。

注重对学生思维能力的培养，通过设计层层深入的问题，引领学生思维，从语篇的大意到段落中的细节信息，再到语篇的结构，最后升华到文章所要表达的态度和情感，带领学生完整、深入地学习语篇，让学生学会阅读并实现对语篇的深度理解。

第五节 中职英语教学中课程思政元素的挖掘与融入

课程思政是在立德树人背景下通过挖掘课程蕴含的思政教育元素，寓价值观引导于知识传授和能力培养之中，帮助学生塑造正确的世界观、人生观、价值观的教育。加强课程思政建设的目的是强化课程育人功能，凸显课程育人价值，引导教育教学回归教育的本质，切实在教育教学中落实立德树人根本任务。加强课程思政建设有利于解决学校思想政治教育中存在的“孤岛现象”，即各门课程仅关注知识传授与技能学习，不能与思想政治课程形成思想政治教育合力，无法取得令人满意的教育效果。

为在中职教育阶段落实立德树人根本任务，2017 年教育部启动中等职业学校公共基础课课程标准研制工作。本次课程标准研制工作的一个重要目标是增强课程的思想性，即在课程中有机融入社会主义核心价值观的基本内容和要求，全面传承中华优秀传统文化，弘扬社会主义法治精神，充分体现民族特点，培养学生树立远大理想和崇高追求，形成正确的世界观、人生观、价值观。本次课程标准研制中，各门课程通过凝练学科核心素养凸显课程的育人价值。同时各课程标准通过规定指向学科核心素养培养的课程内容与学业质量要求为在教学中落实学科核心素养的培养，实现课程中的思政教育提供了基础和保障。

《课程标准》提出中职英语的学科核心素养由职场语言沟通、思维差异感知、跨文化理解与自主学习组成。中职英语学科核心素养既包含了对语言知识学习、语言技能培养的要求，也包含了学生通过语言学习对中外文化现象的了解以及在此基础上形成的家国情怀及文化自信，强化了中职英语课程的育人价值。通过对比《课程标准》与《教学大纲》的主题与话题也可以看出，《课程标准》指导下的中职英语课程内容蕴含了丰富的思政教育内容。《课程标准》规定的主题范围为“人与自我”“人与社会”“人与自然”，可以看出中职英语课程给学生提供的学习内容不仅包含学生个人生活的相关内容，还包含了反映“人与社会”及“人与自然”的相关内容。这些学习内容必然包含体现个人与社会、个人与集体、个人与国家等相关价值观念的教育元素，便于教师设计思政教育活动。另外，增加的“人与自然”的主题范围包括“自然与环境”“可持续发展”等主题内容，这些内容为新时代中国特色社会主义思想的重要内容，学习这些主题的内容时，教师可以结合教学内容引导学生了解我国在环境保护与可持续发展方面的相关举措及取得的成就，加强学生的政治认同，加深学生的家国情怀。《课程标准》还关注了学生通过感知不同的语言现象发现其本质的能力，即培养学生以辩证唯物主义的思想看待身边事物和处理问题。《课程标准》的制定以及依据《课程标准》编写的国家规划教材已经关注了思政元素的融入。教师在课程实施过程中应根据《课程标准》及教材内容，结合学生专业特点，对课程思政进行系统化设计，优化课程的内容供给，提高课程育人效果。

课堂教学是课程思政育人的主渠道。要在课堂教学中将价值观的塑造、知识学习与语言技能训练融为一体，就需要教师能挖掘出教学内容中蕴含的思政教育元素，并在教学中通过巧妙的设计将其融入教学活动中，使学生在语言学习过程中自然而然地接受教育，逐步形成正确的价值观念。

一、如何挖掘教学内容中蕴含的思政教育元素

（一）根据单元主题及主要内容确定单元思政教育主线

中职英语国家规划教材均以单元为单位进行编写。每个单元都有主题，单元内容围绕主题进行组织与编写。通过分析四个版本的国家规划教材，可以发现大部分教材都采用了按照语言功能模块设计单元内容的方式编写教材，例如，在一个单元中设计听说、读写等模块。这些模块的内容都服务于单元主题，各模块之间有着密切的逻辑联系，是一个整体。因此，在确定一个单元的思政教育主题时，也应对单元内容进行整体考虑。例如，高等教育出版社（以下简称“高教社”）出版的《英语 1 基础模块》Unit 8 People and Events，这个单元以“历史上著名的人物与事件”为主题，教材围绕主题主要选择了一些国内外著名人物和事件的信息作为导入内容，将学生引入本单元的学习。之后，教材在听说与读写两个关键模块分别为学生呈现了关于造纸术的发明、手机发明的两段对话及介绍京张铁路总工程师詹天佑的阅读语篇，并在本单元最后的小组活动环节中，为学生设计了介绍高铁系统部分结构元素的发明情况的学习任务。可以看出，教材围绕本单元主题所组织的教学内容包含了大量的中华优秀传统文化内容，蔡伦造纸的对话可以让学生了解我国辉煌的历史成就，詹天佑作为总工程师建造的京张铁路既可以让学生了解到近现代我国在铁路建造方面创造的奇迹，也可以让学生学习詹天佑先生的爱国情怀。最后的小组活动内容也有助于学生了解我国高铁技术的创新与发展。可以看出这个单元的内容蕴含的思政教育元素聚焦于弘扬以爱国主义为核心的民族精神和以改革创新为核心的时代精神。因此，教师可以将本单元思政教育主题确定为“弘扬中华优秀传统文化”，并

根据单元内容的组织将思政教育主线确定为：导入部分通过初步感知中国历史上的科技成就与当代中国强大的综合实力激发学生的民族自豪感和爱国情怀；听说部分进一步了解我国造纸术的发明并通过与手机发明的对比深入理解造纸术发明的重要意义以及造纸术发明对世界文明发展的重要推动作用，强化学生对我国创新发展、不断进取的民族精神的认同，增强学生对本民族文化的自信；读写部分通过阅读京张铁路总工程师詹天佑的介绍理解京张铁路的技术创新在铁路发展史上的重要意义与价值，学习詹天佑先生的爱国情怀，引导学生深刻理解爱国主义是民族精神的核心，不断创新是我国持续发展的动力；最后，通过组织学生完成高铁部分构成元素的介绍让学生在了解高铁这一当代发明的过程中进一步领会我国改革创新的时代精神，增强学生作为中国人的自豪感，强化学生的家国情怀与爱国精神。

（二）分析教学内容挖掘思政教育元素

根据单元主题和主要内容确定单元的思政教育主线后，教师需要进一步研读教材内容，挖掘语篇中蕴含的思政元素，这样才能在教学设计中将语言学习与价值观教育融为一体。通常，教师可以从以下三个方面挖掘教学内容中蕴含的思政元素：

1. 挖掘语篇主题蕴含的思政教育元素

对语篇主题意义的探究是语篇学习的重要内容。教材中的语篇，无论是口语语篇还是阅读语篇都有其表达的主题。例如，高教社版《英语 1 基础模块》Unit 8 People and Events 中读写模块的阅读语篇的标题为 “Jingzhang Railway”，其核心内容是介绍詹天佑作为总工程师克服种种困难建成中国第一条铁路的故事。这一主题本身就蕴含了深刻的爱国精神与创新精神等思政元素，教师在研读语篇时不仅要抓住语篇介绍京张铁路这一主题，还要抓住京张铁路本身具有的教育价值。听力对话虽然不像阅读语篇有标题，但是对话也有谈话的核心内容，教师在研读语篇时可以通过分析语篇找到对话的主题，并挖掘主题蕴含的思政教育元素。例如，外研社版《英语基础模块 1 学生用书》Unit 5 We Have Only One Earth! 中的听力对话语篇，在对话一开始就提到 “I've joined the

Earth Protection Project at school.”，说明对话内容要围绕“保护地球项目”展开，而“保护地球项目”本身就具有思政教育价值，教师在教学中可以结合这一主题在对话学习中对学生进行价值引领，设计基于主题的思考与讨论，让学生在语言学习过程中形成对该主题的正确价值观念。

2．挖掘语篇内容中蕴含的思政元素

语篇内容是学生语言学习的主要载体，对语言知识、语言技能、语言意义的学习都要依托语篇进行。挖掘出语篇内容中蕴含的思政元素也是教师在语言教学中融入价值塑造的重要基础。因此，教师在研读与分析语篇时不仅要关注语篇中的语言学习内容，更要关注语篇内容中反映的社会现象，价值观念等要素，从而找到在教学中对学生进行思政教育的切入点。例如，外研社版《英语基础模块 2 学生用书》Unit 3 I've Got a Headache 听说部分中关于求医就诊的对话。

听力对话原文：

Doctor: Hello. What's wrong with you?

Patient: I have a bad cough and a sore throat.

Doctor: Let me take a look. Open your mouth and say “Ah”. How long have you had these symptoms?

Patient: About two days.

Doctor: Do you have any other symptoms?

Patient: Yes, I also have a fever and a poor appetite.

Doctor: I think you've got the flu. You should take these tablets three times a day, drink plenty of water, and get lots of rest. You will feel better in a few days.

Patient: Thank you.

并不是每个对话的主题都蕴含了思政教育元素，有时候教师需要对对话内容进行深入挖掘。以本对话为例，教师通过研读对话内容会发现这是一个医生为病人诊断病情的对话。对话内容主要呈现了医生为病人进行诊断的过程，而这个过程也是医生在为病人诊断时必须遵守的工作流程。擅自改变工作流程或工作流程不完整都可能导致医生不能全面了解患者的症状并进行准确诊断。因此，这个对话关于医生工作流程的内容既包含了需要学习的语言知识，也为学生提供了遵守工作流程，养成爱岗敬业的职业态度的思政教育元素。

3. 挖掘语篇表达的情感、态度或讲述道理中蕴含的思政元素

语篇通常会针对交流或讨论的问题传递说话人或作者的观点态度或明确某种道理。教师在研读和分析语篇时不能只关注语篇描述的人物、事件或社会现象，还要关注语篇通过内容传递的观点、态度或道理。以外研社版《英语基础模块 1 学生用书》Unit 5 We Have Only One Earth! 听说部分的对话为例，讨论如何挖掘语篇中所讲道理蕴含的思政元素。

听力对话原文：

Zhou Bo: I've joined the Earth Protection Project at school.

Wu Lin: What's it about?

Zhou Bo: It calls on people to change their daily habits to protect the earth.

Wu Lin: For example?

Zhou Bo: I used to leave my computer and television on standby when I slept.

Wu Lin: Oh, that's really a waste of energy.

Zhou Bo: Now I turn them off as soon as I finish using them.

Wu Lin: Good for you. I used to run the water while brushing my teeth, but now I turn it off.

Zhou Bo: You are right. Every small action is of great help.

对话内容为说话人根据环保要求改变自己的生活习惯。对话结尾 Zhou Bo 讲道"Every small action is of great help."，这句话既是对谈话对象改变自己的生活习惯践行环保理念的评价，同时也总结了这项活动反映的人生哲理。教师可以抓住这一教育元素，引导学生在学习对话内容的同时理解这一道理以及人与社会的关系，唤醒每个人的社会责任感和主人翁精神，对学生进行思想政治教育。

很多思想政治教育元素蕴含在语篇的字里行间，教师在研读语篇时需要通过分析语篇语言的使用，把握对话中说话人传递的情感、态度，理解说话人对交流内容的赞成或反对意见，引导学生分析说话人的观点并形成自己的观点，实现对学生价值观的引导。以外研社版《英语基础模块 2 学生用书》Unit 5 Travel Broadens the Mind 的阅读语篇为例，讨论如何挖掘语篇字里行间蕴含的思政元素。

阅读语篇原文：

Whether you are interested in nature, culture, or modern life, we have some great ideas for your travel plans.

Beijing is a fascinating mixture of the old and the new. It has a very rich history. There are many museums and theatres. If you like history, you cannot miss Beijing.

If you want to get close to nature, you are sure to fall in love with Guilin. You will forget your worries beside the beautiful mountains and rivers.

Shanghai is a city that never sleeps. By day, enjoy walking around the streets lined with cafés and shops. By night, go to see a show at one of the many cultural venues around the city.

If you enjoy fine food, Chengdu should be your first choice. There are so many delicacies. You can search for many special snacks with the help of a food map.

So which city would you like to visit most?

该语篇的主题是旅游城市介绍。语篇内容有助于学生了解我国地域辽阔，城市风格多样的特点，激发学生的民族自豪感和爱国情怀。但是，作者并没有在文章中直接感叹祖国疆土的富饶辽阔，也没有直接表达自己的情感。那么如何挖掘出作者的情感呢？教师需要细读语篇，从语篇的语言中去感悟作者的情感，尤其是形容词的使用表达了作者强烈的自豪感和爱国情怀。例如，语篇中关于北京的介绍：Beijing is a fascinating mixture of the old and new. It has a very rich history. 这里使用的 fascinating 和 rich 都能让读者很鲜明地感受到作者的自豪感；关于桂林的介绍：You will forget your worries beside the beautiful mountains and rivers. 这里的 beautiful 也可以让读者感受到作者对桂林山水的喜爱之情。正是这些形容词的使用，让读者在阅读这篇介绍类语篇时获得的不仅是旅游城市的基本信息，更能深刻地感受到作者在介绍这些城市时饱含的热爱和自豪之情，很容易引起读者共鸣，也能培养学生在内心形成价值认同。

二、如何在教学中合理融入思政教育

（一）将思政教育目标融入教学目标中

要在课程教学中落实课程思政，教师首先应将课程思政的育人要求纳入教学目标，指导教学过程中课程思政的实施。教师应基于《课程标准》要求、教学内容和学生认知水平，结合地域与专业特色，将价值观塑造、学科知识传授与能力培养等方面的要求有机融合，制定具体可落实的课程思政教学目标，充分体现中职英语课程育人功能。教师在制定每节课的课程思政目标时都应以语篇分析时确定的单元思政教育主线与挖掘出的思政教育元素为基础，以外研社版《英语基础模块 1 学生用书》Unit 5 We Have Only One Earth! 的听说课教学为例，本单元以环保为主题，对话教学的主要目的是帮助学生了解该主题的相关内容，帮助学生认识到每个人的行为在环境保护中的重要性。因此，教师在制定本节课教学目标时就应将这一价值观念的培养纳入本节课的教学目标：

在本课学习结束时，学生能够：

1. 获取有关谈论环保主题对话的关键信息，例如 the Earth Protection, change daily habits, is of great help 等；
2. 对比并说明说话人环保行为的变化，例如 I used to do sth 与 Now I do sth；

3. 根据提示，与同伴讨论如何在生活中改变自己不环保的行为。

4. 能够根据交流主题，搜集相关资料，说明自己依据环保活动要求作出了哪些改变，以及自己对参与环保活动有哪些感受和想法。

（二）将思政教育元素融入教学活动中

教学过程是在教学中对学生实施思政教育的关键环节。教师应根据课程思政目标，整合教学资源与学习资源，设计学科学习与课程思政教育有机融合的学习活动，引导学生在解决真实问题与完成真实任务的过程中学习学科知识技能、掌握事物发展规律、增长见识、塑造品格。将思政元素融入课堂教学环节，实现教书与育人的统一。教师可以通过以下方式在教学过程中融入思政教育：

1. 设计贯穿单元学习任务，将思政教育融入教学过程。

价值观念的塑造不能通过抽象的说教来实现，而是应让学生在做事情的过程中通过感知、体验领悟人生的道理和做人做事的原则，因此，教师需要依据教学设计与实际生活相联系的真实问题或任务引领学生学习，并为学生提供运用所学分析、解决实际问题的机会，让学生在学习和运用语言的过程中塑造和形成价值观念。例如，在学习外研社版《英语基础模块 1 学生用书》Unit 5 We Have Only One Earth! 的听力对话时，教师就可以结合对话中交流个人生活习惯改变的内容及号召更多人参与环保活动的目的，将教学内容与实际生活联系，设计让学生调研生活中人们的行为习惯因为环保发生了哪些变化，依据调研发现总结所在社区或城市环保活动现状如何，并为更好地开展环保工作提出建议。在这一学习活动中，学生不仅要学习与环保相关的语言知识，训练自己的听说能力，同时还要了解对话中主人公为保护环境作出的行为改变，认识到每个人的行为改变对于环保的重要意义。之后，学生还要带着自己对环境保护的认知，开展生活中实际问题的调研，了解周围人对环保的认识及采取的行动。通过这些学习活动，学生必然会对发现生活现状及实际问题进行思考，这一过程有利于学生对事物形成自己的观点和价值判断。学生在学习过程中形成的观点和判断不一定正确，因此，教师可以设计学生分享观点、交流讨论的学习活动。这一活动不仅有利于学生综合运用所学语言知识和技能进行表达和交流，更有利于学生在讨论中解决自己认知上的困惑，有利于教师发现学生在价值观念上存在的偏差，并给予及时的引导，从而在语言学习过程中实现对学生的价值塑造。

2. 通过深化语言学习活动实现对学生的思政教育

课堂教学中思政教育的融入主要体现在语言知识学习、语言技能训练与价值观教育融为一体。因此，教师需要根据挖掘出的思政教育元素，在适当的语言知识学习或语言技能训练中对学生进行价值观念的教育和引导。以外研社版《英语基础模块 2 学生用书》Unit 5 Travel Broadens the Mind 的听说课教学为例，教师会根据教材提供的学习活动，请学生听对话获取 Lyn 旅途去过的景点，见到的人以及当地特色活动的信息。如果教师在教学中设计的学习活动仅为学生听对话获取信息，那么这个学习活动的目的就是训练学生听力获取细节信息的语言技能以及帮助学生学习重点词汇的拼写及理解语言的意义，并不能发挥教学内容对学生的价值观教育功能。但是如果教师对这个学习活动进行更深层次的加工，让学生在完成信息填写后，结合填写内容讨论说话人对旅途中所见所闻的看法和态度并分享自己的感受，就可以在学习过程中融入价值观的教育，让学生在学习语言知识的过程中，感受到说话人通过使用 beautiful, fresh air, clear streams, amazing 等形容词表现出的对我国美丽的自然景观和独具特色的民族文化的惊叹和赞美，从而实现知识、技能学习与价值观教育的统一。

听力对话及活动：

Zhou Bo: Hi, Lyn. How was your holiday?

Lyn: Thank you for helping me plan my trip to Yunnan. What an incredible place!

Zhou Bo: I'm glad I could help. The scenery is pretty special, isn't it?

Lyn: You're right. Lijiang is so beautiful, with fresh air and clear streams.

Zhou Bo: What about the people there?

Lyn: The people were so friendly! I loved learning about the local customs, and I took lots of pictures of people wearing traditional clothes.

Zhou Bo: Great! Did you see any special activities?

Lyn: I was there for the Torch Festival. It was really amazing! The countryside looked so beautiful with all the torches lit.

Scenery	
People	
Special activity	

（三）将思政教育元素融入教学评价

根据课程思政评价目标和内容，改进结果评价，强化过程评价，采取与学科核心素养发展及价值观念培养相一致的多元评价方式，探索依托线上平台和软件工具，运用大数据、人工智能等现代信息技术的增值评价，构建形成性评价与终结性评价相结合，定性与定量相结合的综合评价方式，开展中职英语课程思政教学评价。

形成性评价可以采用课堂表现观察、学习活动评价、学习成果检测、电子档案袋等形式，了解学习过程中学生学科核心素养与价值观念的培养情况，及时发现教育教学中的问题，为教师随时调整课程思政教学方法，引导学生形成正确价值观念提供参考。例如，教师将对学生的职业道德与职业精神的培养作为课程思政目标时，在课堂表现观察表中可以将学生参与小组活动承担学习任务的表现作为评价要素；如果教师为学生设置了环保主题的学习任务，教师可以对学生关于环保主题的观点表达情况进行评价。

终结性评价可采用实践任务、水平测试或学业测试等形式对学生各阶段内的学习效果进行评价。教师应充分利用终结性评价，全面客观地评价中职英语课程对学生学科核心素养培养与价值观塑造的效果。例如，学校或地区可以依据《课程标准》相应的学业质量要求对学生进行水平测试或学业测试，全面考查学生的学科核心素养发展情况。但是水平测试或学业测试的命题必须以考查学生学科核心素养的发展为目的，包括对学生职场语言沟通、思维差异感知、跨文化理解与自主学习等学科核心素养的考查，而不仅仅是对知识掌握与技能水平的检测。因此，试题在语料选择与试题命制方面都要融入思政教育元素，通过学生的答题不仅检测学生基于某一主题的语言知识的掌握情况，同时也考查学生对某一事物或现象的观点或看法，从而实现对英语课程思政教育效果检测与评价的目的。

中职英语课程思政教学评价应以形成性评价为主，终结性评价为辅，既关注结果与现状，又注重过程与发展。通过评价促进中职英语课程思政教学目标的达成、教学过程的优化，引导学生坚定理想信念、厚植爱国主义情怀、加强品德修养。

第四章

基于学科核心素养的英语学业测试

第一节

中职英语测试命题的现状及问题

随着《课程标准》的颁布，学科核心素养成为中职英语课程改革的新引擎。《课程标准》构建了基于学科核心素养的课程与教学体系，制定了课程的学业质量要求，明确了中职阶段英语课程学科核心素养发展水平，是中职英语课程教学与测试的重要依据与基础。但是，学科核心素养是高度抽象、结构复杂的高阶能力，传统测试很难对学科核心素养进行有效测评。因此，自中职英语学科核心素养提出以来，基于学科核心素养的测评也成为中职英语课程评价改革的难点。要研究基于学科核心素养的中职英语测试应该如何进行，就应找到中职英语现在实施的测试与基于学科核心素养的测试之间存在的差距，并根据学科核心素养的要求进行完善。

一、命题脱离真实的语言情境

学科核心素养是学生通过学科学习后逐步形成的正确价值观念、必备品格和关键能力。中职英语学科核心素养是中职学校学生在英语课程学习过程中习得的适应与改造环境的综合素养，具有综合性与内隐性特征。学科核心素养的综合性要求测试为学生提供复杂情境下的真实问题，使学生能够综合运用知识、技能与情感、态度等创造性地解决问题，通过检测学生在分析问题、解决问题过程中的学科行为表现实现对学科核心素养的有效测评。但是，传统的英语测试通常采用“问题—反应”测试模式考查学生对知识的识记或语言技能应用。通过对中职英语期中、期末考试试题进行分析发现，中职英语测试试题通常包括语音辨识、单项选择、完形填空、补全对话、阅读理解、翻译句子、写作等命题形式。大部分地区中职英语测试不包含听力和口语试题。由此可以看出，中职英语测试的命题形式侧重对语言知识的检测。下面例 1 的语音辨识题和例 2 的翻译题，通过提出“问题”考查学生对认知内容的反应，获得学生的反应结果，并基于结果对学生的能力作出判断。这类试题主要考查学生对所学内容的识记能力。例 3 为针对词汇和语法的单项选择题。这一类测试题通过检查学生能否识别出试题中的固定语言结构并将句子补全，评估学生对英语课程内容中某一知识点的掌握情况。例 3 包括两道题，第一题检测学生是否掌握了宾语从句的语法规则；第二题检测学生是否掌握了 mind 后面应使用动名词的语法要求。例 4 为阅读理解题，但是阅读题目并没有介绍学生为什么要读这个语篇，测试题也只是针对语篇文本信息进行提问。因此，以上四种常见试题形式，都不是基于问题情境的测试。学生答题的过程并不涉及基于问题的信息获取、分析、处理，也不涉及运用信息解决问题。由于传统测试中“问题”本身的局限性，“问题—反应”模式中的测试题目通常缺乏情境，主要依靠检测学生能否套用所学知识或技能评价学生的学习效果。但是当使用这类测评题目评估学生的学科核心素养时，就会发现测评中的“问题”很难引发学生知识、能力、情感、态度、价值观等方面的综合反应，无法获取足够的信息对学生学科核心素养发展水平进行评估。同时，中职英语学科核心素养的内隐性特征也要求测评者在学生可观测、可评价的学科行为表现与学科核心素养之间建立联系，制定评价标准、开发测评工具。

例 1：

一、单词辨音

1. A. sandwich　B. chips　C. rich　D. change
2. A. because　B. autumn　C. daughter　D. taught
3. A. fall　B. half　C. salt　D. also
4. A. form　B. morning　C. forest　D. north
5. A. station　B. question　C. operation　D. relation

例 2：

一、Translate the expressions into Chinese or English.

1. pop music ________　　2. romantic film ________

3. as soon as possible ________ 4. communication ________

5. light rail ________ 6. 交通 ________

7. 工作场所 ________ 8. 对……热衷的 ________

9. 节食 ________ 10. 增加体重 ________

例 3：

一、单项选择

1. He thinks that the movie ______.

   A. is worthy of watching B. is worth looking C. watch

2. I'm feeling cold. Would you mind ______ the window?

   A. to close B. close C. closing

…

例 4：

四、阅读理解

There is an old tiger in the forest. He doesn't want to look for food. He often asks other animals to get him something to eat.

One day, he sees a monkey and says, "I'm hungry, Monkey. Go to the village and get me something to eat." "I can't do that now, Tiger," the monkey says. "There is another tiger over there. He doesn't let me get anything for you to eat. I'm afraid of him." "What?" cries the old tiger. "Take me to that tiger. I will talk to him." The monkey and the tiger get to the bridge over the river. "Now, look down at the water," the monkey says. "Do you see the tiger?" "Yes, I do," cries the old tiger. "I will eat him." With these words, the tiger jumps into the river.

1. An old tiger lives ______.

   A. in the zoo B. in the garden C. in the forest

2. How many tigers and monkeys are there in the story?

   A. Two tigers and two monkeys.

   B. Two tigers and one monkey.

C. One tiger and two monkeys.

D. One tiger and one monkey.

3. Why does the tiger ask other animals to get him food?

Because ______.

A. they are afraid of him

B. only they can look for some food

C. they are friends

D. they like to do so

4. The monkey ______.

A. goes to get something to eat

B. gets to the bridge with the tiger

C. knows there is another tiger

D. tells the tiger to jump into the water

5. Which of the following is right?

A. The tiger is very clever.

B. The monkey eats the tiger.

C. Tiger eats another tiger.

D. Tiger jumps into the water.

（试题来源：北京市某中职学校期末试题）

二、试题语料缺乏真实性与应用性

基于学科核心素养的测试需要让学生在具有真实性的语境中完成任务或解决问题，其目的是增强测试的真实性。语料真实是测试真实性的一部分。有研究者指出，语言测试的真实性原则从命题素材或命题情境的选择开始体现。所谓素材的真实，指的是真实情境中使用的语言素材类型、语言特点及体例结构的真实性。例如，测试题如果考查学生根据会议记录处理相应工作的能力，就应给学生提供 minutes 而不是 memo；如果要为学生提供 notice 的阅读材料，那么就不能只提供通知的内容，而没有署名和日期。另外，教师在命制试题时要充分考虑真实情境中不同语料的使用情况。例如，教师创设外企公司发布某一活动通知的情境并为学生提供 notice 的阅读材料。但实际工作中，外企公司通常采用电子邮件的形式发布通知，而非张贴纸质通知，这就出现了语境与语料不符的情况，影响了语料的真实性。

除缺乏真实性外，目前中职英语测试中使用的很多语料还存在应用性不强的问题。很多教师在命题时会选择一些故事性比较强的阅读语篇作为试题语料。这些语料的语言质量通常都非常高，可以作为学生学习语言的素材，但是这些语料通常不具有应用性，缺少生活情境，教师不能根据语料内容设计真实问题或任务，以检测学生的学科核心素养。

例 5:

Mr. Jackson is having a meeting. He looks at the clock on the wall. It is 7:45. "The last bus left 15 minutes ago," he thinks. "I'll have to stay in a hotel tonight."

The meeting is over. When he goes out of the warm office, it begins to snow. He wants to have some warm food and soup first. Most restaurants are full of people and he has to go into a small one. The waiter shows him the menu.

"Some hot soup, please," says Mr. Jackson.

Later, the waiter brings the soup to him. When Mr. Jackson is drinking, he finds something in it. "Come here, boy," he says. "Look, there is a hair in my soup!"

The waiter says, "It's usually a fly in the soup, I remember."

（试题来源：北京市某中职学校期末试题）

以例 5 的语篇为例，这是一篇非常短小精悍又具有幽默感的语篇，是很好的阅读材料，可以培养学生的语感，帮助学生理解西方文化中的幽默感。但是从测试学生学科核心素养的角度分析，如果仅仅把这个语篇呈现给学生并针对语篇中的某些信息点提问，只能检测学生对语篇中信息的提取和理解能力，不能检测出学生在语境中分析问题、解决问题表现出的综合素养。但是，如果教师能够对这个语篇进行加工，赋予语篇情境，突出语篇中语言的应用性，这个语篇也可以成为很好的试题语料。例如，如果教师根据语篇中的语言交流内容及方式将阅读语篇改为听力语篇，将语篇的重点内容集中在服务生和 Mr. Jackson 的对话内容并将这一部分内容进行丰富，请学生以服务生的角度解决客户提出的问题。这个语篇的应用性就可以得到加强，同时也可以通过语境的创设和问题的解决有效检测学生学科核心素养的发展情况。

三、试题的命题不符合真实交际的需要

《课程标准》指出要探索基于真实任务的表现性评价的应用。这体现了基于学科核心素养的测试需要遵循真实性原则。语言测试的真实性是指受试者在测试中使用目标语言完成测试任务与其在现实生活中使用语言进行交际活动的相似程度,也就是语言测试与语言交际的统一程度。因此，要测试学生英语学科核心素养的发展水平不能脱离真实的语言情境与真实的语言交际任务，只有在测试中使测试任务与真实的交际活动尽可能贴近，才能检测出学生在该情境下运用语言、思维、情感、态度、价值观解决类似问题的能力及水平。结合《课程标准》强调培养学生在职场情境中运用语言的要求，教师在命题时应尽可能创设职场中运用英语的情境，设计职场中人们使用英语完成职场任务、分析问题、解决问题的测试任务。例如，阅读工作要求、与同事讨论工作内容、发布产品信息等。但是，目前的中职英语测试中还鲜少能够看到以完成工作任务、解决工作中或生活中的问题为目的的测试任务。虽然，部分测试题目在语料的选择上已经关注了语言交际情境，试题的设计也关注了信息的提取或理解，但是这些语言测试题并不符合真实的语言交际需求，不能通过试题的完成解决某个真实问题或任务。以例 6 中的阅读试题为例，该试题选择的是一篇房屋分租广告。这个语篇具有很强的应用性，有利于基于语篇设置真实性的语言交际任务。从基于该语篇设计的试题看，这些试题在一定程度上体现了基于语篇信息解决问题的设计思路。例如，第 2 题考查学生是否能够根据广告中的信息判断出哪一类租房人

符合房东的要求；第 5 题考查学生能否根据广告中的信息获取与房东的联系方式。但是，可以看出试题中还存在为了理解而理解的现象。例如，第 1 题提问哪些人会对这个广告感兴趣？第 3 题提问租房的人会使用哪个房间？这类问题在真实的语境中是不会出现的，这些试题关注的是学生能否从语篇中提取对应的信息，而非使用语篇信息解决真实的问题。

例 6：

Here is an advertisement for renting a bedroom of an apartment in the local newspaper. Read the advertisement and choose the correct answer to each question. 下面是本地报纸上的一则公寓分租广告。房主想将两居室中的一间卧房出租。阅读广告并选择正确答案。

Looking for a Female Roommate

One room of a lovely apartment near CBD!

Layout: 2 bedrooms, living room, 1 bathroom

Monthly rental: RMB 2,800 (for the smaller bedroom)

Environment: gym, tennis court, supermarket, hospital

I have a two-bedroom apartment and I'd like to get a female roommate who is neat and quiet. I'm not a pet-friendly person. I don't mind if you have friends over, but make sure to keep the noise level down after 9:00 pm.

Utilities (water, sewage, cable/Internet) are about RMB 100 per month, which we'd split everything 50/50.

If you are interested, please contact me at (010) 12345678 or e-mail me at Janedoe@123123.com.

1. Who will be interested in this advertisement?

   A. People who are going to buy an apartment.

   B. People who are going to rent an apartment.

   C. People who are going to rent a room.

2. Three people are interested in this advertisement. Who do you think

the landlord will choose?

A. A very quiet man.

B. A lady with a lovely cat.

C. A neat and shy girl.

3. The tenant may use ______.

A. the small bedroom

B. the big bedroom

C. both bedroom

4. How much should the tenant pay every month?

A. 2,700 *yuan*. B. 50 *yuan*. C. 2,850 *yuan*.

5. If Mary wants to get more information about this apartment, how will she contact the landlord?

A. She may write a letter to the landlord.

B. She may visit the landlord and ask her for more information.

C. She may call her or send an e-mail to her.

由此可以看出，虽然《课程标准》已经提出了学科核心素养的要求，并针对学科核心素养的测试提出实施建议，但是目前中职英语测试在试题形式、语料选择以及试题设计方面都还与学科核心素养的测评要求存在较大的差距。中职英语测试工具的开发还需要在研究学科核心素养内涵的基础上，运用先进的测试理论指导试题的开发，以期有效检测学生学科核心素养发展情况。

第二节 指向学科核心素养的测试工具开发

课程改革必然带来教学实施与测试的改革。《课程标准》提出中职英语课程的目标是促进学生学科核心素养的发展。这一理念是在以培养学生语言综合运用能力基础上的发展。学科核心素养要求既要关注学生学科知识的掌握与技能的发展情况，又要关注学生运用语言解决问题，完成任务时需要的思维能力、文化素养、情感、态度、价值观的发展情况。因此，将学科核心素养作为中职英语课程目标加强了中职英语课程的育人功能，也对中职英语教学的综合性与实践性提出了新的要求。测试作为中职英语教学的重要内容也须与课程目标的要求保持一致，即实现教—学—评的一致性。中职英语教学中现在实施的各类测试，期中测试、期末测试、学业水平考试以及高职升学考试等都比较重视学生对学科知识的掌握情况或单一技能的发展情况，难以实现对学生学科核心素养发展情况的有效测试。由此可见，传统的测评方式很难适应学科核心素养测评要求，测评者需要根据学科核心素养的内涵与特征开发与之相适应的测评任务与方法流程，实现对学科核心素养的有效测评。

一、ECD 理论的基本框架

以证据为中心的设计（Evidence-Centered Design，简称 ECD）是为解决复杂测评开发的测试理论，认为只能通过收集显性证据并依据一定的推理模型，推理和估计出被试者具备的不能被直接观察到的特质。依据为推论提供概念性、实质性和统计性评价数据的评价效度观，ECD 理论提出了“以证据为中心”的测评设计构想，即在评价过程中系统化、概念化整合所有类型的数据、任务、评分方法、统计模型构建测评框架。ECD 理论的概念性测评框架（Conceptual Assessment Framework，简称 CAF）包含六个子模式：学生模式（Student Model）、证据模式（Evidence Model）、任务模式（Task Model）、组合模式（Assembly Model）、呈现模式（Presentation Model）和发布模式（Delivery Model）。

学生模式用于明确测评希望对学生学习的哪些知识、能力、情感、态度等进行测评，即明确测试对象；学生模式定义了期望测量的变量。测试中的变量可以是一个也可以是多个。规定了测量的变量就确定了测试的对象。确定测试对象是一项测试所有工作开展的基础。

证据模式在测试中解决的问题是“什么样的行为能表现测量目标的不同水平”。确定证据模式的内容需要明确学生和问题互动的情况和学生对问题的反映情况。证据模式包含两部分内容，即证据规则与测量模式。其中，证据规则就是在测试中需要用到的量表或评分模式，也就是评价学生在测评任务中表现质量的标准。通常情况下，证据规则通过描述学生完成任务的质量来界定学生在测试中的表现水平；测量模式即统计模式，指的是统计学生模式变量和学生完成测试任务质量之间的关系的方式。测量模式关注的是使用学生模式变量来积累和综合不同任务中的证据，其作用是确定如何测评获得证据，即如何观察学生在测评中的表现获得测评证据。

任务模式明确了测评中提供什么样的情景、问题能帮助测评者获得证据模式中需要的证据；任务情境的确定通常需要关注以下三个方面的要素：1. 任务的呈现形式，即明确在测试中是使用纸笔进行测试还是通过实际操作或任务的实施来进行测试；2. 任务成果的呈现形式，即测试开发者需要明确在测试者完成任务时需要以什么样的形式呈现完成后的结果，是纸质报告、音视频成果还是具体的手工作品等；3. 其他变量。测试的开发涉及很多要素，测试开发者在开发测试任务时均须予以考虑，例如任务的难度、完成任务需要的时间等。任务模式既描述了提供给学生的任务情境，也描述了学生作为对任务情境进行回应的作品形式。

组合模式则是对学生模式、证据模式与任务模式如何协同运行形成评价的整体设计；组合模式的目标在于明确如何科学合理地将学生模式、证据模式及任务模式予以组合实施有效测试。

呈现模式明确的是测试设计完成后，以什么样的形式呈现给学生，这是设计好的测试任务向学生进行延伸和发挥作用的关键过程。目前大家常用的测试呈现形式仍然是纸笔测试，但是随着信息技术的发展，线上测试使用的频次越来越高，范围越来越大。因此，测试的呈现形式已经不局限于纸笔测试，还可以有更多样的呈现方式。

发布模式则系统描述发布时测评系统如何运行，以及测试框架中各模式在测评过程中如何系统运行等问题（见下页图 5）。

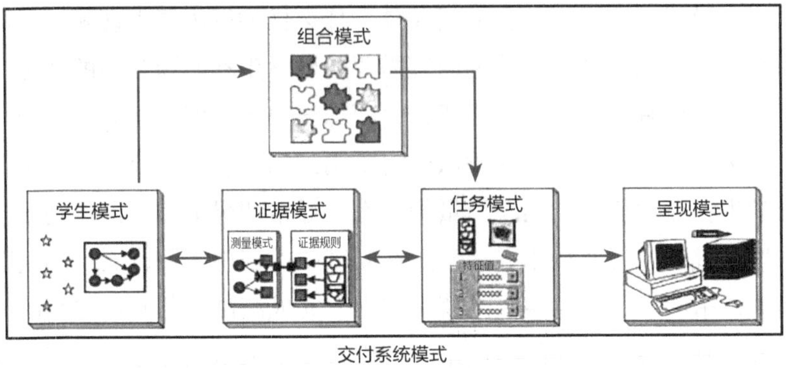

图 5　ECD 理论的概念性测评框架

二、基于 ECD 理论的中职英语学科核心素养测评工具开发

中职英语学科核心素养是学生学习中职英语课程形成的综合素养。学科核心素养无法直接测评，测评者必须通过收集有效证据并依据证据推断学生的学科核心素养发展情况。因此依据 ECD 理论的概念性测评框架，从定义测评对象、确定测评方式、设计测评任务、明确测评呈现形式与选择测评发布方式等五个方面进行测评整体设计，开发测评工具。

（一）定义测评对象

中职英语学科核心素养测试旨在评估中等职业学校学生英语学科核心素养发展水平。因此，确定中职英语学业测试对象为中等职业学校英语学科核心素养，也就是说中职英语学科核心素养为测评的变量，具体而言为四个方面内容：职场语言沟通、思维差异感知、跨文化理解与自主学习。学科核心素养是学生通过英语课程习得的综合素养，难以在测评中直接观察和评估。因此，在测试开发过程中要将不可直接观测的变量转化为可观测的变量，即将中职英语学科核心素养转化为具体的学科行为表现。通过这一转化，测试者可以通过观察和评估学生的学科行为表现，推断出学生学科核心素养发展情况。即测评者观测到学生在规定主题情境下完成指定任务的学科行为表现，并能测量出其完成任务的情况，就可以用这个结果代表学生相应的学科核心素养的发展水平。根据中职英语课程特点，中职英语学科核心素养内涵及学生的实际情况，对中职英语学科核心素养对应的学科行为表现界定如下（见表 11）。

表 11　中职英语学科核心素养对应的学科行为表现

学科核心素养	关键要素	学科行为表现
职场语言沟通	理解信息 沟通交流	1. 能够在职业情景交流中获取关键信息
		2. 能够理解职场常见语篇的主旨及传递的情感和态度
		3. 能够简单描述职业活动的简单事实经过、工作流程及表达个人观点
		4. 能够就与职业相关的话题进行有效沟通与交流
思维差异感知	了解语言差异 根据证据推理和判断	5. 能够说明职场常见语篇的结构特点及中英文同类语篇的结构差异
		6. 能够根据语篇信息对语篇主题或关键问题作出合理判断
跨文化理解	了解不同文化特点和差异 传播中国文化	7. 能够提取语篇中蕴含的文化要素
		8. 能够理解语篇中蕴含的中外文化内涵
		9. 能够运用英语简单介绍中国文化，例如传统节日、代表性人物等
自主学习	选择和使用 学习策略 及学习资源	10. 能够使用英语学习策略解决完成任务时遇到的知识或技能问题
		11. 能够根据学习任务要求选择恰当的学习资源与学习方法

（二）确定测评方式

根据 ECD 理论，确定测试对象后需要明确收集证据的规则并建立测量模式。首先，根据测试目的及测试对象确定证据收集规则。在中职英语学科核心素养测试中，测试开发者需要根据学生完成测试任务的情况获取学生相应学科核心素养发展水平的证据，并根据这些证据推断学生相应学科核心素养发展水平。为客观评估学生英语学科核心素养发展情况，测试规则可以定义为：当测试任务只有正确和错误两种情况时，正确情况得 1 分，错误得 0 分，任务未完成为 0 分；当测试任务有“完全正确、部分正确、错误”三种情况时，完全正确得 2 分，部分正确得 1 分，错误得 0 份，未实施任务得 0 分。

测试任务分为“容易、中等、困难”三个层次，从而确定证据模式为：依据难度比重对学生的原始分数进行加权，然后将各个素养对应的加权分数相加得到各个素养的得分，各个素养得分相加得到学生学科核心素养的测试得分。

（三）设计测试任务

任务模式中需要明确测试者设计什么样的任务来获取证据模式需要的证据。中职英语学科核心素养测试需要收集学生在完成测试任务时的学科行为表现，并以此为证据推断学生学科核心素养的发展水平。因此，中职英语学科核心素养测评的任务模式就需要根据《课程标准》规定的主题与各学科核心素养对应的学科行为表现，定义中职英语学业水平测评需要的测试任务，以获取充足的证据对学生学科核心素养的发展情况进行客观评估。下面以“2020 年北京市中等职业学校英语学业水平测试”的测试任务为例，分析如何设计测试任务。

“2020 年北京市中等职业学校英语学业水平测试”共设计了 10 个测试任务，覆盖《课程标准》基础模块规定的 8 个主题与 4 个学科核心素养对应的 11 个学科行为表现（见表 12）。

表 12　2020 年北京市中等职业学校英语学科核心素养测试任务设计

学科核心素养	主题	任务	对应学科行为表现
职场语言沟通	社会服务 可持续发展 社会交往	1. 在餐厅帮助客人点餐的情境中，对客人的要求给予答复 2. 听客户提出的资源浪费问题给予解决问题的建议并回应相应观点 3. 根据部门工作会议安排，给本部门工作人员发送一封邮件通知会议时间、地点及参会要求	1 2 3、4
思维差异感知	科学与技术 自我与他人	4. 给公司研发的新产品使用方法图片匹配说明，完成使用指南制作 5. 按照公司招聘要求判断求职者的条件是否符合公司用人条件 6. 根据上司的工作内容，查阅相关信息，完成上司日程安排	5 6 5、6
跨文化理解	学习与生活 历史与文化	7. 根据酒店不同国籍客人饮食偏好，为客人定制套餐食谱 8. 根据不同国家中秋节庆祝方式信息，制作中秋节宣传海报	7 8、9
自主学习	自然与环境	9. 浏览生活中产生的不同种类的垃圾，对垃圾进行分类 10. 根据收到的邮件，完成环保活动通知的撰写	10 11

本次测试设计了选择题与简答题两种任务模式，其中选择题考查学生各个素养的认知理解与实践应用能力。选择题主要通过设置相对简单的职业场景考查学生根据问题作出反应或根据情境信息作出判断的能力。试卷在每个任务下给出不同选项，学生通过选择不同的选项呈现自己在相应情景下运用英语解决问题的能力。简答题考查学生的迁移创新能力。试题考查学生在复杂情境下综合运用知识、技能、情感、态度等解决问题的能力。本次测试还根据职场实际情况创设仿真任务形式，例如完成信息卡的记录、完成销售报告、邮件等职场应用文的撰写等，考

查学生学科核心素养发展情况。

通过两种任务模式的结合实现对学生学科核心素养发展情况全面评估。测评的选择题编码为 MC，简答题编码为 SA。按照职场语言沟通、思维差异感知、跨文化理解、自主学习四个学科核心素养进行分别编码，选择题编码分别为 LM，TM，CM，AM；简答题编码分别为 LC，TC， CC，AC。各个素养的编码形式见表 13。

表 13　2020 年北京市中职英语学业水平测试试题编码

	MC	SA
职场语言沟通	LM1.1~LM1.15 LM2.1~LM2.15	LS1
思维差异感知	TM1.1~TM1.15 TM2.1~TM2.15	TS1
跨文化理解	CM1.1~CM1.15	CS1
自主学习	AM1.1~AM1.15	AS1

（四）明确测评呈现形式

为保证测评的有效性，使测评结果能全面客观反映被试者的学科核心素养发展情况，测评者根据《课程标准》对课程内容的规定确定测试情境主题，以保证四个学科核心素养的测试情境与问题覆盖《课程标准》规定的所有主题。根据各个素养对应的行为表现与发展水平，确定针对“职场语言沟通”设计 3 个测试任务，包含 30 个单项选择题和 1 个简答题；针对“思维差异感知”设计 3 个测试任务，包含 30 个单项选择题和 1 个简答题；针对“跨文化理解”设计 2 个测试任务，包含 15 个单项选择题和 1 个简答题；针对“自主学习”设计 2 个测试任务，包含 15 个单项选择题和 1 个简答题。并在初步完成测评任务设计后，通过征求中职英语教师与教研人员意见后，对测试任务内容与学科核心素养对应度不高及难度不适宜的测试任务进行了调整，形成最终的测评试卷。测评试卷的难度分布见下页表 14。

表 14 中职英语学科核心素养测评试卷题目的难度分布

难度	MC	SA
容易	48.9%	2.1%
中等	39.3%	1%
困难	7.7%	1%

（五）选择测评发布方式

最终需要确定的是测评任务以什么样的方式呈现给被试者。2020 年北京市中职英语学业水平测试是面向全市范围中职学校学生的测评，当年因为疫情，为适应学生居家学习的实际情况，采用线上测试。

三、测评工具的质量检验

（一）试题整体质量分析

完成测评工具开发后，组织 30 所中等职业学校的 1,999 名学生进行了测试，并基于学生的测试数据，使用 Rasch 模型对测评工具质量与学生能力进行评估。Rasch 模型是由 George Rasch 提出的潜在特质模型。该模型认为被试个体在测试中正确回答某一题目的概率完全取决于个体能力与题目难度，与其他因素无关。Rasch 模型的统计分析是将被试个体与测试题目放置在统一单维度尺上进行标定，使被试个体与个体之间、题目与题目之间、个体与题目之间可以进行直接比较，从而直观地分析测试题目的信效度以及被试与题目之间的拟合度。本研究使用 Winsteps4.8.2 对测试工具的信效度进行检验，测量指标包括被试平均能力及项目平均难度（Measure）、数据 – 模型拟合指标（Infit 和 Outfit 的 MNSQ 值和 ZSTD 值）、分离度（Separation）和信度（Reliability）等。其中，Infit MNSQ 对试题难度与个体能力水平是否相当的数据更加敏感，Outfit MNSQ 则对极端值比较敏感。本次测评整体质量统计结果见下页表 15。

表 15　中职英语学科核心素养测评试题整体质量评估结果 （N=1,999）

	预估难度（Measure）	Infit		Outfit		分离度 Separation	信度 Reliability
		MNSQ	ZSTD	MNSQ	ZSTD		
被试	0.53	1	0	0.97	0	2.84	0.89
试题	0	0.99	0	0.97	0.3	8.39	1.00

Rasch 模型将试题平均难度通常设置为 0，被试平均能力值会随着不同被试而有所差异。通过对比表 15 中本次测试被试能力均值与试题预估难度值，可以发现被试能力均值（0.53）略高于试题难度平均值（0），因此，本次测试难度系数不高，适合面向全体学生作为合格性测评。从拟合指数看，被试与试题的标准残差均方（Outfit MNSQ）为 0.97，加权后被试与试题的残差均方（Infit MNSQ）为 0.99。参照 Linacre & Wright 针对诊断性测试建议的拟合度指数合理范围 0.5~1.710，本次测试中被试与试题的拟合度都在合理范围之内且接近理想值，即测试题目与学生能努力的拟合度高，没有在测试中出现明显的极端值。从测试的信度看，被试信度为 0.89，试题信度为 1，被试与试题的信度都非常高。同时，被试分离度（2.84）和试题的分离度（8.39），说明试题难度可以区分出 8 个层次的能力，但是由于选择参加测试的学生能力相对集中，被试能力仅划分出 2.84 个层次。由此可见，本次测试数据与理想模型拟合良好，测评工具性能良好。

（二）试题与被试对应性分析

Rasch 模型最显著的特点就是通过数据转化将被试的能力水平与试题难度放在同一等距尺上进行对比分析，得到试题难度与被试能力的对应图，即怀特图（Wright Map），从而对试题与被试的对应性进行直观分析。下页图 6 为 Rasch 模型基于本次测试数据生成的怀特图。从图中可以看出本次试题的难度层次丰富，覆盖了 –3 个 logits~4 个 logits 的范围，而学生的能力水平主要集中于 –2 个 logits~3 个 logits 之间，基本呈正态分布，试题难度包含了绝大部分学生能力层次，试题与被试的对应性较好。但是从图中也可以看到，还有少量学生没有与之匹配的试题，例如能力在 3logits~4logits 之间的学生及能力在 –4logits 的学生在本次测试中没有试题与之对应。因此，本次测试对这些学生学科核心素养发展情况的评估可能不够准确，如果要对这些学生的学科核心素养进行准确评估就需要进一步增加与之相适应的题目减小评估误差。另外，从图中也可以看出 –3logits 与 –2logits 之间的题目没有与之对应的学生，在题目修正时可以考虑增加这部分试题的难度，提高试题与学生能力的匹配

```
MEASURE                              |                        MEASURE
 <more> -------------------- PERSON -+- ITEM  ---------------- <rare>
  5                          +                    5
                             |
                             |
                           . | X
  4                        . + X                  4
                         .## |
                        .### T|
                        .### |
  3                .######### + X                         3
                    .###### |T
                .############ S|
         .###################### | XX
  2           .################ + XXX                              2
      .######################## | XXXX
    .########################## M|S XXX
  .############################ | XXX
  1          .################# + XXX                               1
       .#################### | XXXXXXX
              .############ S| XXXX
                .######### | XXXXXX
  0                .##### +M XXXXXXX                          0
                    .### T| XXXXXXXXXXXXX
                     .## | XXXXX
                      .# | XXXXXX
 -1                    . + XXXXX                  -1
                       . | XXXX
                         |S XX
                       . | XXX
 -2                    . + XXX                  -2
                         | XX
                         |
                         |T XXX
 -3                      + X                  -3
                         |
                         |
                         |
 -4                    . +                    -4
 <less> -------------------- PERSON -+- ITEM  ---------------- <freq>
EACH "#" IN THE PERSON COLUMN IS 9 PERSON: EACH "." IS 1 TO 8
```

图 6　中等职业学校英语学科核心素养测试怀特图

度。另外，整体观察图 6 中的试题分布情况，可以发现在学生能力比较集中的 1logit 与 2logits 之间，试题分布数量并未达到最大值。因此，本次测试中不同难度的试题数量分配与学生能力层次分布的匹配程度还可以进一步优化。

（三）试题拟合和标准误差分析

试题拟合情况用于评估测试题目在测试中呈现出的特征与 Rasch 模型期望值之间的吻合程度。使用 Winsteps 对本次测试进行参数估计得到各题目的拟合指数，包括各题目的标准误差（Model S.E.）、Infit MNSQ 与 Outfit MNSQ。根据 Winsteps 对本次测试数据的分析发现 94 个题目的 Outfit MNSQ 值均处于 .59~1.68 之间，均处于正常范围；本次测试的 93 个题目的 Infit MNSQ 值都处于 .71~1.34 之间，只有第 44 题的 InfitMNSQ 值为 1.71 略偏离正常拟合度取值区间。因此，本次测试的大部分题目与 Rasch 模型的预期结果拟合度较好。

Model S.E. 是估算误差，体现量度值的精确程度。Rasch 模型会根据数据之间相互关联的程度，数据数量的精确程度与信息多寡提供一个估算误差。估算误差的大小对于我们理解量度值是非常重要的参考，91 个测试题目的标准误差值均在 0.05~0.08 之间，测试题目整体预估误差处于合理范围内，说明本次测试结果数据之间关联度高，测试题目信度高，能够有效评估学生能力。

四、结论与启示

（一）ECD理论为学科核心素养测评提供了新视角

学科核心素养的提出对公共基础课程测试与评价提出了新的挑战。传统测试理念难以对复杂的素养进行精准评价。以证据为中心，通过收集有效证据，依据理论框架，推断测评结果的 ECD 理论为学科核心素养测评提供了新视角。本研究基于 ECD 理论的概念性测评框架，参照六个子模式开发了中职英语学科核心素养测评工具，总结提炼了学科核心素养测评实施的流程（见下页图 7）。该流程参照 ECD 理论，结合中职英语学科核心素养测评实际情况可以分为4个环节：界定测评对象、开发测评工具、评估测评工具与实施测评。其中，界定测评对象包含确定测评哪些学科核心素养，及将抽象难以直接检测的学科核心素养转化为可直接观测与评估的学科行为表现两个步骤；开发测评工具则包括确定测评规则、依据《课程标准》要求及与学科核心素养对应的学科行为特点开发测试任务及根据测评目的将测试任务组合为一套测评工具三个步骤；测评工具检验是指在初步形成测评工具后采用科学的工具与方法对测评工具的信度、效度等进行检验，保证测评工具的有效性；最后一个环节是测评实施环节。

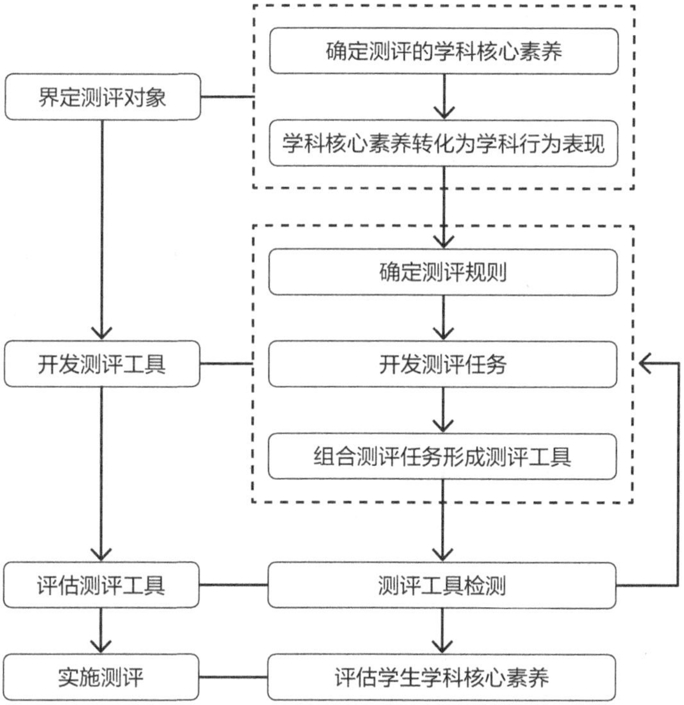

图7　学科核心素养测评实施流程图

（二）准确把握学科核心素养内涵是保证测试有效性的关键

ECD理论的提出者Mislevy等人认为，无论什么类型的教育评价，本质上是期望从学生所说、所做或所提供的具体事情上来推论出他们知道什么和能做什么。因此，评价可以被看作“基于证据进行推理（reasoning from evidence）”的过程。根据 Mislevy 等人的观点，以评估学生学科核心素养发展水平为目的的测评就是收集学生在《课程标准》规定的主题情境中的学科行为或可视化的学习成果，推断学生学科核心素养发展水平的过程。测评工具的开发者需要明确收集哪些证据，即需要学生在测试中展示什么样的学科行为或学习成果，以及通过什么样的方式可以让学生在测试中展示出这些行为或学习成果。测评中证据的类型、内容，以及获得证据的方式都有赖于测评者对测评目的的把握及对测评对象的理解。在学科核心素养测评过程中，测评开发者对学科核心素养的把握就显得尤为重要，如果不能准确理解测评学科的学科核心素养内涵，不能将学科核心素养转化为直观、可检测、可评价的学科行为，就不能开发出用以检测学生学科核心素养的测试任务，测评有效性会受到直接影响。

ECD 理论为中职英语课程学科核心素养的测评提供了理论参考。本研究使用 ECD 理论的概念性测评框架尝试开发中职英语学科核心素养测评工具，并总结形成了学科核心素养测评流程，但本研究只在北京市中职英语课程测评中进行了尝试，研究结论在其他地区是否适用还需要进一步验证。未来将在更多地区开展实践研究，完善研究结论，为开展英语学科核心素养测评提供更有效的参考借鉴。

（三）指向学科核心素养的中职英语学业水平测试应遵循情境性、思想性与综合性原则

中职英语学业水平测试以检测学生完成中职英语课程学习后学科核心素养发展的水平。因此，测试的开发需要以《课程标准》为根本依据。《课程标准》对中职英语教学实践、测试评价具有重要的统领意义。如果忽视测试内容与课程标准的一致性，测试将无法有效检测学生学科核心素养的发展状况，诊断学生学科核心素养发展存在的问题，也难以发挥通过测试促进学生学习与改进教学的功能。因此，中职英语学业水平测试应坚持以《课程标准》为根本，依据建构中职英语学科核心素养测试框架，开发测试内容。

其次，指向学科核心素养的测试必须加强测试内容的思想性。中职英语课程从关注学生语言能力培养发展为促进学生学科核心素养的培养，强调中职英语教学应在关注学生学习学科知识、技能学习的同时加强对学生文化素质培养及价值观念的塑造。因此，学业水平测试内容应有机融入中华优秀传统文化、价值观念等相关内容，落实立德树人根本任务，引导学生培育和践行社会主义核心价值观。

另外，指向学科核心素养的测试应突出题目设计的情境性。学科核心素养是个体与复杂情境互动，通过运用所学内容分析问题、解决问题时反映出的价值观念、必备品格与关键能力。因此，指向学科核心素养的学业水平测试内容应注重创设与学生实际生活、未来职业紧密结合的各类情境，设计具有现实意义的问题或任务，有效考查学生学科核心素养发展水平。

最后，指向学科核心素养的测试应注重考查要素的综合性。学科核心素养是知识、技能、态度、价值观念等的综合表现。因此，指向学科核心素养的命题内容应避免以单纯的语言知识和单一的语言技能设计测试题目，应设计融知识、技能、文化、思维等于一体的复杂任务或问题考查学生学科核心素养发展水平。

第三节
指向学科核心素养的测试任务开发

指向学科核心素养的测试对中职英语测试的开发与实施提出了新的要求。《课程标准》颁布前，中职英语在《教学大纲》指导下将培养学生在日常生活和职业场景中的英语应用能力作为教学目标，因此测试的目的是检测学生是否具备了《教学大纲》规定的语言能力。

学科核心素养的提出，进一步推动了以语言能力为目标的中职英语教学理论与实践的改革。课程目标的变化对英语测试提出了新的要求，对以语言知识与单一语言技能测量为构念的分立式传统英语测试提出了挑战。学科核心素养强调的在情境中运用语言分析问题、解决问题的综合能力，成为中职英语课程培养学生应具备的核心外语能力。评价学习者是否具备《课程标准》规定的学科核心素养，必须开发相应的测试任务，为学生创设交际情境，通过任务实施配合调动学生的语言知识、技能、思维、文化素养、情感、态度等，才能有效考查学生学科核心素养发展情况。

一、交际语言测试内涵

语言测试理论的发展与语言教学理论紧密相连。20 世纪 80 年代中期以来，随着交际教学法的提出与普遍应用，与之相适应的交际语言测试理论也应运而生。交际教学法认为，掌握一门外语是指在一定的语境中学生能够用外语互通信息、交流思想感情，达到交际目的。因此，教学目的是培养学生的交际能力。20 世纪 90 年代，美国著名应用语言学家 Bachman 提出了新的交际能力理论模式，被称为“语言测试史上的里程碑”。Bachman 认为语言能力应有更广泛的含义，由语言能力（language competence）、策略能力（strategic competence）和心理生理机制（psychological mechanism）组成（见图 8）。根据 Bachman 的交

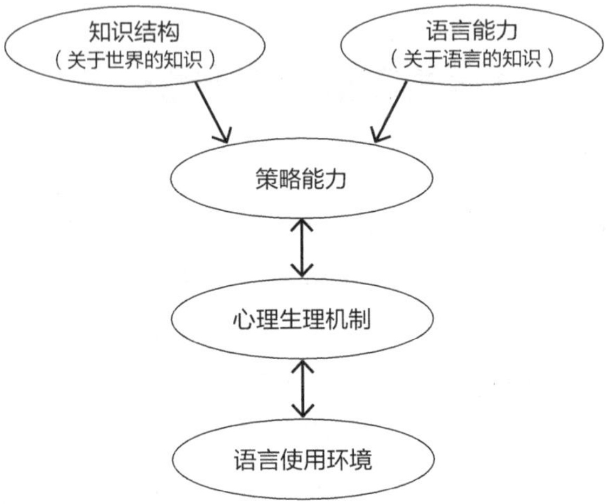

图 8　交际语言能力的构成（**Bachman 1990**）

际语言能力模式，交际语言能力除了对语言系统知识的掌握外，还应包括对语言使用语境的掌握。语言的交际不是简单的信息传递，而是发生在情境（situation）中的语言使用者（language user）和语篇（discourse）之间的动态交互（dynamic interaction）。语言测试应测量包括语法、语篇、社会语言能力和策略能力在内的交际语言能力。同时，它还应该以真实为准则，使被测试者能同时处理清晰的语言信息（explicit linguistic information）和隐含的言语意义或功能意义（implicit illocutionary or functional meaning）。

Bachman 提出交际语言测试理论的意义在于，把语言的使用看作一个动态的过程，重视语言在具体环境，社会文化背景下的使用，突出语言能力不仅指语言知识的掌握，更重要的是运用所掌握的知识进行有效交际。这就意味着测试时要把涉及交际能力的各种因素结合成一个整体进行测试，这一理念与学科核心素养的内涵一致。Bachman 的交际语言测试模式对语言教学和测试产生了深刻的影响，对以培养学生语言能力为目标的中职学校英语教学与测试更具有指导意义。

二、交际语言测试理论指导下的测试任务开发

中职英语的目标是培养学生在日常生活，尤其是在职业情境中运用英语的能力。其教学重视具体语境及社会文化背景下的语言学习，注重为学生创设真实或仿真的语言交际任务，培养学生综合运用语言知识、技能、策略完成任务的能力。

交际语言测试理论指导下的语言测试任务设计不同于传统以语言知识或单一语言技能为测试目标的任务设计，其特点主要体现在：

其一，任务的真实性。Bachman 和 Palmer 将真实性定义为“某项语言测试任务的特征与目标语使用任务特征的一致程度”。因此，交际语言测试理论指导下的测试任务强调特定情境下的语言运用能力，突出测试内容、目的与真实交际的一致性。情境的设置避免了语言测试任务脱离真实交际，测试内容、目的与真实交际的一致性保证了测试任务的真实性，有利于考查语言运用能力。

其二，强调任务的综合性。交际语言测试以语言能力的测量为目标，测试任务瞄准特定情境下的语言运用能力。因此，通常采用包含多种语言模态的综合型测试任务（integrated task），例如，“听＋写”“读＋写”或者“听＋读＋写”等任务形式。通过在特定情境下设置综合型测试任务，实现学生在测试中与测试任务互动，考查学生综合运用语言知识与技能进行语言交流的能力，避免测试仅仅停留在对抽象语言知识与单一技能的考查。

《课程标准》指出，中职英语课程的任务是在义务教育基础上，帮助学生进一步学习语言基础知识，提高听、说、读、写等语言技能，发展中等职业学校英语学科核心素养。因此，中职英语测试应重在考查学生在情境中运用语言的能力及在分析问题、处理问题过程中反映出的思维发展情况、文化品质及价值观念等。为保障有效测评学生的学科核心素养发展情况，中职英语学业水平测试应遵循《课程标准》对课程目标及内容的规定，按照《课程标准》规定话题，考查学生在日常生活与职业场景中运用语言解决问题及完成任务的能力。从测试目标可以看出，中职英语测试构念应包含特定交际范围的语境，以及基于语境的交际任务。下面以“听力”“阅读”与“写作”等测试任务为例，从测试任务框架设计、测试任务内容设计与评分标准制定三个维度探讨基于交际语言测试理论的英语测试任务设计的方法与原则。

（一）测试任务框架设计

交际语言测试理论强调以具体环境和社会文化背景下的交际任务为基本任务形式。因此，中职英语测试应根据《课程标准》规定的主题设计测试任务的主题、场景、内容与目的等，从而创设基于日常生活和职场任务的交际情境与目标，凸显测试任务的交际性。

1. 听力测试任务

听是人们日常交际中的核心语言技能之一。日常交际中，听的技能通常与说、写等技能相结合才能实现信息的沟通与交流。因此，真实的交际情境通常需要听与说或听与写配合使用。在开发听力测试任务时，测试开发者需要考虑真实语言交流的情况，设计具有交际性的测试任务。例如，依据《课程标准》中“人与自我”主题范围内“学习与生活”主题下的“求医就诊”内容要求，开发听力测试任务。测试任务开发者就需要考虑，在求医就诊的情境中，哪些场合需要使用听力技能，哪类医院工作人员是这种场合中的主角，他们需要使用听力技能完成什么任务。这些问题决定了测试任务开发的主题、目的、场景以及内容等。仍以“求医就诊”为例，结合生活经验和对医院工作场景的调研，我们会发现，患者预约医生、到医院就诊，以及在医院咨询相关信息时，都会与医院工作人员交流，那么医院工作人员就需要运用听力、口语、书写等技能完成与患者之间的交流。因此，测试任务开发者在开发测试任务时就可以选用其中的某个情境作为开发听力测试任务的素材。例如，以预约就诊为主题开发测试任务，那么测试任务的主题就是“医院工作人员帮助患者预约就诊时间”，测试任务的目的为“完成就诊预约单填写”，测试任务的场景为“医院工作人员与患者的电话沟通”，测试任务的内容为“听医院工作人员与患者之间的对话并填写就诊预约单”（见表 16）。本测试任务采用听与写相结合的交流形式，测试过程中将输入与产出结合起来，实现学生与测试任务的互动。

表 16　基于交际语言测试理论的听力测试任务设计

《课程标准》规定的主题	人与自我—学习与生活—求医就诊
交际任务	医院工作人员帮助患者预约就诊时间
任务目的	完成就诊预约单填写
任务场景	医院工作人员与患者的电话沟通
任务内容	听医院工作人员与患者之间的对话并填写就诊预约单
学科核心素养	职场语言沟通、思维差异感知、跨文化理解、自主学习

在本任务中，学生的角色为医院工作人员，需要根据听力材料中工作人员与患者沟通的对话，记录患者信息与预订就诊时间。任务通过指示语描述与就诊预约单的呈现将学生带入测试任务设定的职业交流情

境，并且通过设定交流事件与场景，明确了交际有效性与准确性的标准，可以有效测试学生在职业场景中运用语言完成职场任务的目标。同时，学生在完成本任务的过程中，需要了解医院就诊预约单的基本要素，以及各要素与听力对话中相应信息的对应关系，从而实现对学生思维能力的考查。另外，学生也可以通过观察，分析测试任务中创设的国外医院就诊预约的流程、信息表达等发现中西方语言在表达个人信息、时间等方面的差异。因此，这个测试任务可以有效地测试学生的职场语言沟通与思维差异感知能力的发展情况。

2. 阅读测试任务

阅读是人们在交际中获取信息的重要技能。生活中，人们阅读可以是为了获取信息，也可以是为了提高自身的文学修养。《课程标准》指出中职英语要培养的是学生在生活与职场中运用英语进行交流的能力。因此，中职英语测试主要考查学生通过阅读获取信息并运用信息完成任务或解决问题的能力。通常情况下，人们在阅读获取信息后，通过对信息的筛选、对比、分析、推断等进行问题的处理或任务的实施。在处理问题或实施任务时需要具体的操作，或采用书写等方式呈现问题处理或任务实施的结果。因此，开发阅读测试任务时可以采用阅读与任务实际操作相结合或阅读与写作相结合等形式。

以《课程标准》职业模块中“主题 1：求职应聘”的要求为例，进行阅读测试任务开发的说明。结合这一主题开发阅读测试任务，首先要考虑在这一职业场景中哪一类人员会阅读相关材料，阅读哪些材料，以及阅读这些材料时需要获取哪些信息，对这些信息做什么样的处理，以及处理这些信息的目的是什么。这些问题可以帮助测试开发者确定任务的主题、场景、内容和形式等信息。例如，选择以猎头公司为幼儿园招聘幼儿教师这一工作任务为基础进行测试任务的开发。在这类工作任务中，学生需要阅读幼儿园的招聘启事及求职人员的求职信件。因此，测试任务的阅读材料为招聘启事与求职信。阅读完材料后，学生需要根据幼儿园招聘要求判断两位求职人员的各项条件是否符合幼儿园招聘要求，最后帮助幼儿园选出合适的人选。那么测试任务就是要对招聘启事与求职信的信息进行对比，分析并选择合适的人选。这个任务可以通过学生阅读理解信息的情况检测学生的职场语言交流能力的发展水平。通过分析招聘启事要求，对两位求职人员情况作出判断，并筛选出合适人员，这考查了学生的思维差异感知能力。基于幼儿园招聘的任务设置可以让学生了解幼儿园对教职员工的职责要求，这可以考查学生的跨文化理解能力。因此，该阅读测试任务的主题为“猎头公司工作人员通过阅读幼儿园的招聘启事与应聘者求职信挑选合适的应聘者”，目的为“根据招聘要求对求职人员情况作出判断并挑选出合适的人选”，场景为“猎头公司工作人员阅读招聘启事与求职者邮件”，内容为“根据招聘要求对求职人员的相关信息作出判断，并对两名求职者情况进行对比，确定推荐人员”（见表 17）。该任务为学生提供了职场工作情境与任务，高度贴近生活中的真实交际任务，能够比较全面地考查学生的学科核心素养发展情况。

表 17　基于交际语言测试理论的阅读测试任务设计

《课程标准》规定的主题	求职应聘
交际任务	猎头公司工作人员通过阅读幼儿园的招聘启事与应聘者求职信挑选合适的应聘者
任务目的	根据招聘要求对求职人员情况作出判断并挑选出合适的人选
任务场景	猎头公司工作人员阅读招聘启事与求职者邮件
任务内容	根据招聘要求对求职人员的相关信息作出判断，并对两名求职者情况进行对比，确定推荐人员
学科核心素养	职场语言沟通、思维差异感知、跨文化理解

3. 写作测试任务

写作技能在交际活动中用以输出信息，可以是单向输出也可以用于交互活动。因此，英语测试中的写作任务可以是单向输出的活动，例如，就某一问题或现象发表个人的看法或观点等，也可以是交互活动，例如，在接收到某些信息后，根据信息提供的内容作出回应。中职英语测试中的任务通常为交互性较强的写作任务，即要求学生在某一生活或职业场景中，根据接收的信息完成某一写作任务。例如，根据《课程标准》中“人与社会”主题范围中“历史与文化”主题下“庆典、聚会等活动”的内容要求，设计写作任务。测试任务开发者首先要把这一主题放置在某一职业场景中，考虑会有哪些类型的书面交流需求，然后再进行相应要素的设计。根据这一主题可以设计“邀请外国合作方朋友参加春节庆祝活动”交际任务，以“根据给定信息完成春节庆祝活动的邀请邮件撰写”为任务目的，以“通过电子邮件邀请外国合作伙伴参加春节庆祝活动”为任务场景，以“阅读要求并撰写邀请邮件”为任务内容（见表 18）。该任务是基于职场的工作任务，春节是所有学生都熟悉的节日，公司组织春节庆典活动这一背景为学生明确了任务的交流情境与对象。此外，本任务采用读与写相结合的交流形式，为学生呈现了一个接近真实的交际情境，实现了在真实情境中检测职场语言沟通、思维差异感知、跨文化理解及自主学习等学科核心素养的测试目标。

表 18　基于交际语言测试理论的写作测试任务设计

《课程标准》规定的主题	人与社会—历史与文化—庆典聚会活动
交际任务	邀请外国合作方朋友参加春节庆祝活动
任务目的	根据给定信息完成春节庆祝活动的邀请邮件撰写
任务场景	通过电子邮件邀请外国合作伙伴参加春节庆祝活动
任务内容	阅读要求并撰写邀请邮件
学科核心素养	职场语言沟通、思维差异感知、跨文化理解、自主学习

（二）测试任务内容设计

基于学科核心素养的测试需要依托综合型测试任务。综合型测试任务内容一般始于输入、归于产出，有利于测试多种语言能力综合作用下的学生表现。根据本节提供的听力测试任务设计的思路，设计听力测试任务内容（见例 1），学生在完成该任务时需要听一段医院工作人员与患者之间的对话，然后根据任务要求完成患者就诊预约单的填写。其中，学生听医院工作人员与患者之间的对话为语言输入的过程，填写就诊预约卡是基于输入的内容进行的产出活动。在输入与产出过程中，学生需要综合运用听与写的技能。但是，仅仅依靠语言技能并不能完成该测试任务，学生还需要在使用语言技能的同时分析信息，作出判断。因此，该任务的产出内容为：记录患者的基本信息；根据患者情况为其推荐就医时间。前者要求学生从对话中直接获取关键信息；后者要求学生根据获取的信息，通过分析和判断，选择出最佳时间，由此，完成接近真实职业场景中工作人员与患者之间的交流任务，实现职业场景中语言运用能力的测试目标。

例 1：

You are talking with a patient about making an appointment to see the doctor on the telephone. Complete the following appointment card. The conversation will be read twice. 你正在和一位患者电话预约就诊时间。请填写患者就诊预约卡。对话读两遍。

◇ **Appointment Card** ◇

Patient: Ms. Jones

Doctor: 1.____________________

Symptoms（症状）: 2.__________

Appointment time: 3.____________

Appointment day: 4.____________

Items needed: 5._______________

(　　) 1. A. Dr. Carter　　B. Dr. Gardner　　C. Dr. Parker

(　　) 2. A. Toothache　　B. Headache　　C. Backache

(　　) 3. A. 8:30 am　　B. 9:30 am　　C. 10:30 am

(　　) 4. A. Wednesday　　B. Thursday　　C. Friday

(　　) 5. A. ID card　　B. Credit card　　C. Gift card

听力文本：

A: Good morning! Maryland International Hospital. May I help you?

P: Yes. This is May Jones. I'd like to make an appointment with Doctor Carter.

A: What seems to be the problem, madam?

P: I have a terrible headache. I cannot fall asleep every night.

A: I see. Can you come here at 9:30 Friday morning.

P: OK.

A: Remember to bring your ID card. See you Friday, Ms. Jones.

基于学科核心素养的阅读测试任务也必须体现综合型测试任务的特点。与传统阅读测试不同，综合型测试任务的内容既要包括信息的输入也要包括基于输入信息的输出。根据本节提供的阅读测试任务设计的思路，设计阅读测试任务内容（见例2）。该测试任务为学生提供的阅读语篇是幼儿园招聘启事与求职信的语言材料，这些语料包含了学生完成任务所需要的输入性语料与基于输入信息的产出任务，即任务实施表格。这个任务为学生创设了贴近真实职业场景的测试任务。学生在测试中阅读的语料类型与实际工作中完成该任务时需要阅读的材料一致，工作流程与测试中完成任务的流程一致，都需要在了解招聘者要求的基础上对求职应聘人员的各项条件作出判断，并对求职者的情况进行比较，从而选出符合招聘单位需要的最佳人选。

例 2:

You are a staff of an online job matching company. You are responsible for recommending proper applicants to companies. Read the want ad and the application letters and decide whether the candidates are fit for each requirement. Then select a proper candidate for Happy Kids International Kindergarten. 你在猎头公司工作。请读下面的招聘广告和简历。在符合要求的栏目里打√，不符合的打 ×，并给招聘单位推荐最合适的人选。

Kindergarten teachers needed

Happy Kids International Kindergarten needs 3 experienced kindergarten teachers.

Responsibilities:

Take care of about 10 children during daytime, including arranging kids to have meals, take part in activities, have naps and change clothes, etc. Sometimes, have to stay longer to take care of the kids whose parents couldn't pick them up on time.

Requirements:

- Should be between 23—45 years old.
- Have a kindergarten teachers' certificate.
- Have at least 3 years' work experience as a kindergarten teacher.
- Speak two foreign languages including English.

Application Letters

To whom may concern,

I'm Kelly White from Germany. I'm 32 years old. I can speak both Germany and English fluently.

My major was Preschool Education when I studied in college. I've worked as a teacher in a German Kindergarten for 10 years before I came to China and I got my Kindergarten Teacher Certificate in 2002.

I'm learning Chinese now and I'll have to take lessons every evening. So I can't work overtime.

Sincerely yours,

Kelly White

To whom may concern,

I'm Vivian Black. I'm 27 years old.

My major in university was Preschool Education and I got my Kindergarten Teacher Certificate 2 years ago. I have been a teacher for 4 years in ABC International Kindergarten. I'm popular with children because I'm always patient with children and good at singing and dancing. I'm good at English and I can speak a little Japanese.

My apartment is close to your kindergarten and I can stay a little longer after work if necessary.

Sincerely yours,

Vivian Black

	Kelly White	**Vivian Black**
Age		
Professional certificate		
Work experience		
Language		
Work overtime		
Recommendation: We believe ________ is a proper candidate for your kindergarten.		

书面交流任务要求学生准确理解写作任务与背景信息，进而完成相应文体的写作。根据本节提供的写作测试任务设计的思路，设计写作测试任务内容（见例3）。该任务要求学生根据任务场景，即公司要组织春节庆祝活动，给外国合作伙伴撰写邀请函，邀请他们参加庆祝活动。这一任务同样是基于输入的产出活动。学生首先要阅读指示语及单位设计的春节活动安排，根据工作任务要求从安排中提取相关信息，之后，根据邮件这一文体的写作要求对获取信息进行加工，完成写作任务。由此可见，学生在产出过程中必须以输入为基础，综合阅读与写作两项能力的综合运用，实现在日常生活场景中语言能力的测试目标。

例3：

You are a secretary of the general manager. You are asked to write an invitation letter to your business partners to invite them to attend the celebration of Chinese Lunar New Year according to the given information.
你是总经理的秘书。请根据以下信息写一封邀请信，邀请你们的合作伙伴前来共同庆祝新春佳节。

Time	January 31, 2024
Place	The banquet hall of Garden Hotel, Xinhua Street, Beijing
Activities	• Write Spring Festival Couplets • Write and paste the Chinese character "fu" • Make dumplings • Exchange best wishes and gifts
Requirement	Wear a red coat

Dear Mr. Green,

I'm writing to invite you to attend the celebration of Chinese Lunar New

Year held in ________________________ on ________________________.

To spend this happy Spring Festival, we have prepared many activities full of fun. People can ________________________. Also, ________________________. What's more, ________________________. Finally, ________________________. By the way, remember to ________________________, as red is associated with good luck in Chinese culture.

I'm looking forward to hearing from you.

Yours sincerely,

Doris

（三）制定评分标准

传统选择题的评分通常采用记录正确答题数目的方式。测试的评分与任务设计没有密切关系。但是，基于交际语言测试的综合型测试任务的评分，则须根据任务要求，制定评分标准。其评分标准为能力表述，与任务设计相关。对于以语言运用能力为目标的语言测试，任务设计与评分标准的联系更为紧密。如果评分标准仅考虑语言的正确性，则基于特定语境完成语言交际任务能力的测试目标仍无法实现。因此，基于交际语言测试的评分标准应与其考查学生学科核心素养发展水平的目标相契合。

以书面交流任务为例，该任务评分标准采用分项、分档的评分方式，包括文体要素与语言表达两项评分指标，每项按照四档对学生的表现特征进行具体描述（见下页表 19）。该任务设计的目的是考查学生在特定情境下，基于阅读获取信息并完成邮件这一应用文体撰写的能力。表 19 中的两个评分项目体现了特定交际情境下交际任务的特殊要求，是这一真实交际任务对学生语言能力的具体要求。而评分标准中语言表达项目的要求，也不同于传统测试中写作任务的评分标准，不仅考虑学生语言的准确度、流利度与灵活性，而且关注了在特定写作任务中学生所表现出的语言适切性与有效性。例如，“能在准确获取阅读材料中信息的基础上，对语言进行适当加工，灵活表述所需的信息”体现了对学生能否根据写作任务得体运用语言的评价标准；“表达方式基本符合邮件要求，允许部分拼写或语法错误，不影响邮件核心信息的传递”则反映了对学生在完成任务中能否实现有效交际设定的评分标准。当然，语言能力的评价也是交际语言测试任务的重要评价内容。例如，“词汇、语法准确”则反映了对学生语言能力的评价。由此可见，本测试中写作交流评分标准与测试任务匹配，共同体现出以语言能力为构念的测试任务设计特征。

表 19 写作交流任务评分标准

档次	邮件要素	语言表达
一档	邮件要素齐全，能全面、准确地为收件人提供活动信息。	词汇、语法准确。 表达方式符合邮件要求。 能在准确获取阅读材料中信息的基础上，对语言进行适当加工，灵活表述所需的信息。邮件内容能清晰准确地为收件人传递活动信息，具有较强感染力。语言使用与职场情境相符。
二档	邮件要素比较齐全，能比较全面地为收件人提供活动信息。要素缺少不多于 2 个。	词汇、语法比较准确。 表达方式比较符合邮件要求，允许有个别拼写或语法错误（不多于 3 处）。 能在阅读材料基础上对信息表述进行适当加工，能够比较清晰准确地为收件人传递活动信息，具有一定的感染力。
三档	邮件要素基本齐全，能为收件人提供本次活动的基本信息。要素缺少不多于 4 个。	词汇、语法基本准确。 表达方式基本符合邮件要求，允许部分拼写或语法错误，不影响邮件核心信息的传递。 能机械地将阅读材料中获取的信息用于邮件内容，能为收件人传递基本的活动信息，但感染力不强。
四档	邮件缺乏较多重要信息要素，影响邮件内容的信息提供。要素缺少多于 4 个。	词汇、语法错误较多。 表达方式不符合邮件要求，影响邮件核心信息的传递。 不能将阅读材料中获取的信息恰当用于邮件内容表述，影响活动信息传递与表达，不具有感染力。

（四）总结

综合分析指向学科核心素养的测试任务的开发，可以看出，检测学生学科核心素养发展情况的目标需要通过一系列测试任务的实施得以实现。指向学科核心素养的测试任务应采取以主题为引领，将语言运用放置于特定的交流情境中，通过设计综合型测试任务，实现对学生语言运用能力、思维差异感知、跨文化理解及自主学习能力等的综合测试。总结而言，交际语言测试理论指导下的语言测试任务应遵守以下原则：

其一，尽可能创设真实或接近真实的交际任务，即为学生提供接近真实或真实的交际情境、交际对象、交际内容和交际目的等。测试任务应能够为学生创设必要的互动条件，激发学生的互动愿望，使测试过程能够模仿或重现真实的交际过程，为学生提供运用语言分析问题、解决问题或完成任务的机会，从而全面考查学生学科核心素养发展情况。

其二，测试任务内容须包含输入与产出两个部分，其中，输入是产出的基础，学生在测试过程中完成测试规定的产出任务时，必须以输入环节的信息获取及理解分析为基础，从而更好地模拟或创设交际情境，实现对多种语言能力的综合测试与评价。输入与产出环节的设计不仅可以使测试任务更贴近真实的交际活动，也为多种语言技能的综合运用创造了条件，增加了测试任务的复杂程度，加强了测试任务的综合性与实践性。例如，本节中听力、阅读与写作测试任务的示例都采用了学生先通过听或读获取信息，即实现信息的输入，之后再基于输入的内容进行产出活动。

其三，评分标准应重视对交际效果进行评价。交际语言测试关注学生在特定语言情境中恰当运用语言完成交际任务的能力。因此，评分标准应重点关注交际任务的达成情况，尤其应包括对产出内容有效性及得体性的评价，从而真正落实对学生在特定情境中运用语言分析问题、解决问题和完成任务情况的测量。例如，在对学生根据信息完成信息卡填写的任务进行评价时，评分标准应以学生填写内容是否能够传达信息为标准而非一味的要求学生必须做到拼写完全正确。

三、结语

在日常生活与职业场景中运用语言进行交际的能力是中职学校学生

英语学科核心素养发展水平的重要体现，因此将语言知识、语言技能、策略能力与心理机制融为一体，进行语言能力的综合性评价是当前语言测试的发展方向。本节通过对交际语言测试相关理论与定义的梳理分析，提出基于交际语言测试理论的中职英语测试任务设计的特点与核心原则，并以听力、阅读与写作测试任务为例，具体分析与阐述了交际语言测试理论在中职英语测试任务设计中的实现途径。后续研究将会通过观察与测量学生在测试过程中调动各项能力完成测试任务的表现，进一步分析以语言能力为构念的测试任务设计的有效性，进而完善交际语言测试理论指导下的语言测试任务设计，提高中职英语测试的信效度，使其更好地服务于中职英语教学实践。

附：

中等职业学校英语学业水平测试

Task 1

You are a shop assistant of a souvenir shop. Some foreigners want to buy some souvenirs. Listen to their requests and make a response to each one. You are going to hear 5 requests. Each request will be read twice. (1×5=5 points) 你是一个纪念品商店的销售人员。请听五位顾客的需求并做出回应。每位顾客的需求读两遍。

(　　) 1. What should you do?

A. Ask the customer what colour she prefers

B. Explain how to return the doll

C. Show the customer a blue doll

(　　) 2. What will you show to the customer?

A. Chinese Qipao

B. Stamps

C. Bing Dwen Dwen dolls

(　　) 3. What will you introduce to the customer?

A. Chinese Qipao

B. Shuey Rhon Rhon doll

C. Beijing Roast Duck

(　　) 4. How will you help the customer pay the bill?

A. By cell phone

B. In cash

C. By credit card

(　　) 5. Which counter should you take the customer to?

A. Doll counter

B. Express delivery counter

C. Clothes counter

Task 2

You are a salesman of an automobile 4S store. A customer is calling to inquire about the electric car. Choose the right information according to the conversation. Both the conversations and the questions will be read twice. (1×5=5 points) 你是一家汽车 4S 店的销售人员。一位顾客打电话咨询电动汽车的情况。请根据对话内容选择正确信息。对话和问题读两遍。

(　　) 1. A. To learn something about a petrol car

B. To learn something about an electric car

C. To learn something about a bicycle

(　　) 2. A. 280 miles

B. 300 miles

C. 500 miles

(　　) 3. A. 30 minutes

B. 1 hour

C. 6 hours

(　　) 4. A. 1

B. 2

C. 3

(　　) 5. A. About 50,000 RMB

B. About 100,000 RMB

C. About 150,000 RMB

Task 3

You are a staff of ABC Foreign Trade Company. Your customer wants to take an order. Listen carefully and take down the notes. The conversation will be read twice. (1×5=5 points) 你是 ABC 外贸公司的员工。客户想订一批商品。请仔细听客户的需求并做好记录。对话读两遍。

Information card

Item: The 1. ________ set

Style: With 2. ________ on it

Type: The 3. ________ ml

Order quantity: 4. ________ pieces

Delivery date: In a 5. ________

Task 4

You are a community staff. Make a leaflet to guide the community residents to sort household garbage according to the given information. (1×10=10 points) 你是社区工作人员，请根据给出的信息制作宣传页指导社区居民进行生活垃圾分类。

A. used batteries	B. newspapers	C. rotten fruit
D. vegetable roots	E. clean used clothes	F. waste paint
G. plastic bottles	H. cigarette ends	I. expired medicine
J. paper boxes		

1. ________
2. ________

3. ________
4. ________
5. ________
6. ________

7. ________
8. ________
9. ________

10. ________

Task 5

You are a maintenance receptionist of an automobile 4S store. A customer is calling to make an appointment for car maintenance service. Complete the conversation and help him to make an appointment. (2×5=10 points) 你是4S店的一名维修接待员。一位客人致电预约汽车保养。请完成对话帮客人预约。

Receptionist: Good morning. 1.________________________ What can I do for you?

Customer: I'd like to have a 10,000 km regular maintenance for my car.

Receptionist: OK. 2.________________________

Customer: My name is Johnson, and my car number is NBOL7082.

Receptionist: OK, Mr Johnson. 3.________________________ (...) Oh, your car is a TF Focus 1.8 MT.

Customer: Yes, that's right.

Receptionist: 4.________________________

Customer: Yes, that was the first time I had my car maintained.

Receptionist: So when would you like to come for this 10,000 km maintenance?

Customer: I'm planning to go to the store on Sunday.

Receptionist: OK. You will come on Sunday. 5.________________________

Customer: No problem.

Receptionist: OK. See you on Sunday then.

Customer: See you!

A. Could you come over before 5:00 pm?

B. This is TF 4S store.

C. And you had the 5,000 km regular maintenance three years ago.

D. May I have your name and your car number?

E. Wait a moment, please. I'll check the information of your car.

Task 6

You are a sales manager of A&B Company. You are presenting a sales overview of your company's new wireless bluetooth earphone. Please look at the graph below and complete the presentation. (1×10=10 points) 你是 A&B 公司的销售经理，请根据下面的图表及所给信息完成公司新款无线蓝牙耳机的销售情况汇报。

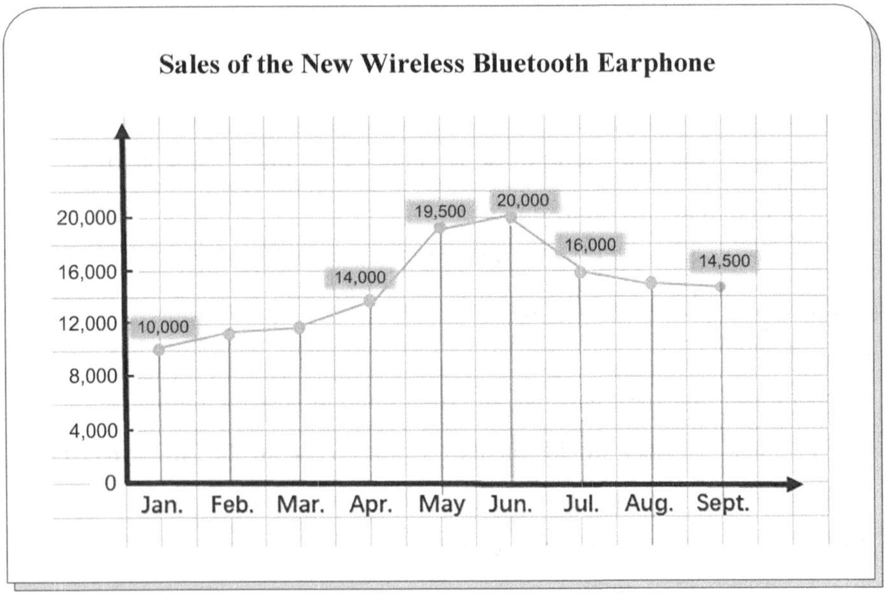

I'd like to present to you a sales overview of our company's new wireless bluetooth earphone.

Now please have a look at the graph. It 1. ____________ (show) the sales up to September of this year. We 2. ____________ (start) with 10,000 units sold in 3. ____________ and the sales increased steadily to 4. ____________ in April. The sales promotion we ran in the next two months was fairly effective, so the sales 5. ____________ (go) up to 19,500 units in May and reached the highest point of 6. ____________ in June. Unfortunately, the sales 7. ____________ (drop) sharply after the promotion, with 8. ____________ units sold in July. Over the following two months, the sales continued to fall to 9. ____________ units in September.

I hope we can make a new marketing plan to 10. ____________ (increase) our sales in the fourth quarter.

Task 7

You are a maintenance staff in a Building Management Office. You get a Maintenance Record and you should arrive within 10 minutes to solve the problem. (2×5=10 points) 你是一座大厦管理处的维修人员。你收到了一张派遣单，需要在 10 分钟内赶到现场并解决问题。

Building Management Office		**Maintenance Record**	
NO. 2022021124765			
Requested by	Li Shiqiang	Received by	Liu Wenlan
Room No.	Building A No.1601	Contact	1381173××××
Problem	The air-conditioner doesn't work properly. It keeps leaking.		

续表

Building Management Office		Maintenance Record	
Report Date	June 7, 2023	Report Time	9:30 am
Service Date		Service Time	
Serviced by			
Comment	☐ Satisfied ☐ Unsatisfied		

( ) 1. Who asked for the maintenance request?

A. The management office

B. Li Shiqiang

C. Liu Wenlan

( ) 2. What would you probably repair?

A. An air conditioner

B. A refrigerator

C. An electric fan

( ) 3. Which room should you go?

A. Building A Room 601

B. Building A Room 1601

C. Building B Room 101

( ) 4. When should you probably arrive to do the service?

A. At 9:30 am

B. At 9:40 am

C. At 9:50 am

( ) 5. How will you probably contact the person who asks for the service?

A. By knocking at the door

B. By sending an email

C. By making a phone call

Task 8

You are a staff of the marketing department of ABC Company. You are asked to work on a guide of how to clean a noodle machine. There are five steps to clean it. Please choose the right description for each step. (2×5=10 points) 你是 ABC 公司市场部员工，负责编写一款面条制作机的清洗操作指南。该操作共有五个步骤，请为每个步骤选择正确的文字描述。

How to Clean a Noodle Machine

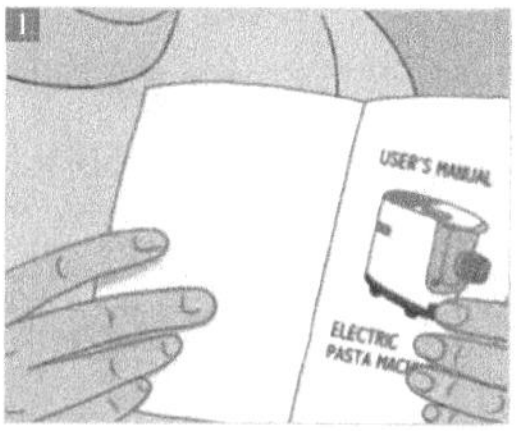

1. ____________________

2. ____________________

3. ____________________

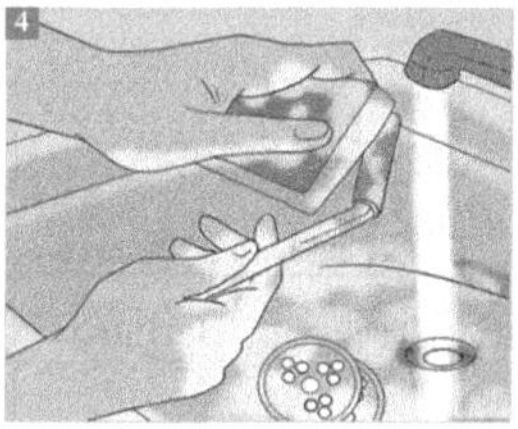

4. ____________________

5. ____________________

A. Wash those parts that can be washed in the sink.
B. Read the user's handbook before cleaning your noodle maker.
C. Wipe down the body of the noodle machine with a clean cloth.
D. Remove the parts that cannot be washed and put them in a safe place.
E. Unplug the noodle maker from the outlet.

Task 9

You are a staff of ABC exhibition company. You are responsible for the conference on forest protection held by Jiangbei University. Offer help or instructions to the conference attendees according to the conference agenda. (2×5=10 points) 你是 ABC 会展公司的员工，负责江北大学主办的森林保护主题的会议组织工作。请根据会议议程给参会者提供指导和帮助。

<table>
<tr><th>Date</th><th>Time</th><th>Activity</th><th>Location</th></tr>
<tr><td>April 25</td><td>7:00 pm—9:00 pm</td><td>Registration for the meeting</td><td>Hotel lobby</td></tr>
<tr><td rowspan="4">April 26</td><td>7:00 am—8:00 am</td><td>Breakfast</td><td>Chinese restaurant on the second floor</td></tr>
<tr><td>8:30 am—9:00 am</td><td>Opening ceremony

Chairperson: Zhang Liwen, Vice principal of Jiangbei University

Opening speech by Professor Takeo Kanade</td><td rowspan="2">Ballroom 1</td></tr>
<tr><td>9:00 am—10:20 am</td><td>Presentation 1: Kobus Barnard

Topic: Climate change of the Northeast forest region in Australia

Presentation 2: Rong Jin

Topic: Methods to prevent forest risk</td></tr>
<tr><td>10:20 am—10:40 am</td><td>Refreshments</td><td>Lobby</td></tr>
</table>

续表

Date	Time	Activity	Location
April 26	10:40 am—11:40 am	Presentation 3: Aichi Chien Topic: Change of forest fire danger in Southwest China Presentation 4: Ding Yihui Topic: Natural disaster prevention	Ballroom 1
	11:40 am—1:00 pm	Lunch	Cafeteria on the first floor

(　　) 1. Mr. Johnson will arrive at the hotel at about 8:40 pm on April 25. Tell him if it is late for him to register for the conference.

A. It is too late

B. It is too early for registration

C. It is the proper time for registration

(　　) 2. Mr. Smith asks where he can have breakfast. You may inform him that he may have breakfast ______.

A. in the Chinese restaurant

B. in the lobby

C. in the cafeteria

(　　) 3. Professor Takeo Kanade wants to make sure when he will give the opening speech. You may inform him that his speech will be at about ______.

A. 8:20 am

B. 8:35 am

C. 9:00 am

(　　) 4. Mr. Kin would like to know who will give the lecture about forest fire danger. You may inform him that ______ will give the lecture.

A. Rong Jin

B. Aichi Chien

C. Ding Yihui

(　　) 5. Kobus Barnard would like to know where he may have lunch. You may tell him that he can go to ______ for lunch.

A. the lobby

B. the Chinese restaurant

C. the cafeteria

Task 10

You are a staff of the Palace Museum. Give the visitors suggestions on how to book tickets online according to the information given below. (2×5=10 points)
你是故宫博物院的工作人员，请根据下面的信息指导参观者线上订票。

The Palace Museum requires visitors to register and reserve tickets online. Visitors may find booking information on the museum's offcial website, Weibo, WeChat or the Museum's online ticketing website for more information about this.

1 Individual visitors are required to register on the Museum's official online booking site (https://gugong.ktmtech.cn) with an "individual user" account. Then the visitors may fill in the necessary information including number of visitors (one user account can purchase up to five tickets), date of visit, and the ID or passport information of every visitor.

2 Individual visitors may reserve tickets 10 days in advance. Tickets will not be sold after 21:00 every day. Certain information may be changed before this deadline, including number of visitors and date of visit. The number of visitors in the group may be fewer than but not more than the number registered during online booking.

3 If visitors need a receipt after online booking, they can pick it up at the office between Duan men and Wu men within 30 days from the date of visit.

( ) 1. You may inform the visitors that they may find online booking information on ______.

A. travel agency official website

B. the museum's online booking site

C. the tour guide's WeChat

( ) 2. You should tell the visitors that they should ______ before booking tickets.

A. make a phone call to the museum

B. log in the website before 22:00

C. register an account

( ) 3. You should remind the visitors that one visitor can at most book ______ tickets.

A. 2

B. 3

C. 5

( ) 4. You may inform the visitors that certain information they have filled in ______.

A. cannot be changed

B. can be changed

C. cannot be cancelled

( ) 5. You may remind the visitors that if they need a receipt they may get it ______.

A. within one month after they visit the museum

B. on the day they visit the museum

C. on the day they book the ticket

Task 11

You are a staff of ABC exhibition center. You are preparing for an exhibition about anti-epidemic heroes. Read the introduction of doctor Zhong Nanshan and complete the information card. (1 × 5=5 points) 你是展览中心的工作人员，正在准备抗疫英雄展。请根据钟南山医生的抗疫经历完成展览人物信息卡。

Doctor Zhong Nanshan was born in 1936 in Nanjing. He is one of the medical scientists in the 21st century. In 2003, Zhong Nanshan not only led but also took an active part in the battle against SARS. On September 10, 2009, he was rewarded as one of "the 100 people who have moved China". On January 21, 2021, he worked as the group leader on the new coronavirus defense. On September 8, 2020, he was awarded the Medal of the Republic.

Zhong Nanshan	
Date and place of birth	Zhong Nanshan was born in 1. ____________ in Nanjing.
Career	Doctor, medical scientist
2003	Led and took part in the 2. ____________ against SARS.
September 10, 2009	Was awarded as one of "the 100 people who 3. ____________".
January 21, 2021	Led his group on the 4. ____________.
September 8, 2020	Was awarded 5. ____________.

Task 12

You are a secretary of the general manager. You are asked to write an invitation letter to your business partners to invite them to attend the celebration of Chinese Lunar New Year according to the given information. (10 points) 你是总经理的秘书。请根据以下信息写一封邀请信，邀请你们的合作伙伴前来共同庆祝新春佳节。

Time	January 31, 2024
Place	The banquet hall of Garden Hotel, Xinhua Street, Beijing
Activities	• Write Spring Festival Couplets • Write and paste the Chinese character "fu" • Make dumplings • Exchange best wishes and gifts
Requirement	Wear a red coat

Dear Mr. Green,

I'm writing to invite you to attend the celebration of Chinese Lunar New Year held in ______________________ on ______________________.

To spend this happy Spring Festival, we have prepared many activities full of fun. People can ______________________. Also, ______________________. What's more, ______________________. Finally, ______________________. By the way, remember to ______________________, as red is associated with good luck in Chinese culture.

I'm looking forward to hearing from you.

Yours sincerely,

Doris

第五章

学科核心素养背景下英语课程资源建设

第一节

英语课程资源建设现状及存在问题

课程资源是指一切能够运用到教学活动中的各种条件和材料，能促进教学活动更好地开展。课程资源有广义和狭义之分。广义课程资源是指研发课程所利用的各种条件和材料，如人力资源、财力资源和物质资源等。狭义课程资源是指各学科按照《课程标准》制作提供给学生和教师开展教学活动的材料。本研究采用的是狭义的课程资源，主要探讨《课程标准》颁布后，教师在依据《课程标准》实施教学时使用的资源。《课程标准》也对中职英语教学实施中需要的课程资源类型及要求进行了说明，指出中职英语课程资源既包括文本资源、数字化资源，也包括设施设备资源、生活资源及体现专业、行业和地方特色的资源。这些资源不局限于课堂教学实施，也包括课堂以外学生开展学习活动需要的资源与条件等。

以往由于受到教学方式及技术手段的限制，很多人认为教学实施只需要教材、粉笔、黑板等资源就可以实现，但是随着教育理念、教学方法和信息技术等快速发展，中职英语教学方式也发生了巨大的改变，学生的学习需求也发生了明显变化。新的教学样态及需求需要与之匹配的课程资源作为支撑与辅助。由此，中职英语课程资源建设的重要性得到了教育研究者、一线教师的高度重视。近年来，英语课程资源建设取得了一些成果，并形成了可以借鉴的经验。但是，相对于职业教育专业课程资源建设，中职公共基础课程资源建设仍存在一些值得关注的问题，英语课程资源建设也有很多需要完善的地方。

一、中职英语课程资源建设的理论研究还比较缺乏

随着教学改革的深入，学校及一线教师对中职英语课程资源建设的重视程度越来越高，但目前中职英语课程资源建设更多是在实践层面进

行推进。例如，学校组织教师开展课程资源建设或地方教育行政部门或教研机构推动区域内的课程资源建设等。以“英语课程资源建设”为主题在知网进行文献搜索，共查找到222篇相关文献，其中关于大学英语课程资源建设的为114篇，占比为51.4%；高职82篇，占比为36.9%；中职7篇，占比为3.2%；基础教育19篇，占比为8.5%（见图9）。由此可以看出，以英语课程资源为主题的研究成果还不够丰富，关于中职英语课程建设的研究基本还处于空白状态。深入分析这些研究的内容，也可以看出这些研究基本还是基于实践的研究。大部分论文是在实践基础上的经验总结。但是，课程资源的建设并非只关乎实践操作，高质量的课程资源建设需要理论研究的指导。理论研究的深入有助于课程资源建设质量的提升。例如，中职学校英语课程资源建设应包含哪些要素，满足教学的哪些需求，中职英语教学的需求与基础教育、高校、高职院校的英语教学需求有哪些不同，建设课程资源时应如何满足这些需求等。张廷凯指出，学界对课程资源的意义、定义、分类、开发程序等方面的研究比较充分，但对课程资源如何促进教学效能的提升的研究还不够。因此，中职英语课程资源建设的研究急需加强，尤其是需要结合中职英语课程的特点，以及教育教学实施中独特的教育类型属性开展相关研究指导学校及教师开展课程资源建设。

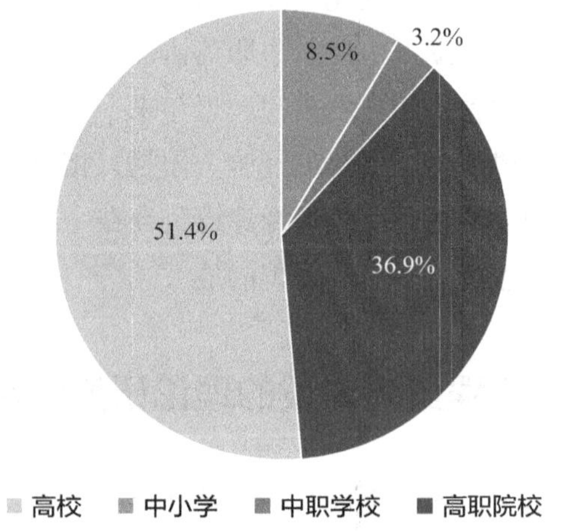

图9　关于各类学校在英语课程资源建设研究中论文占比情况

二、中职英语课程资源建设缺乏顶层设计

通过对部分学校的课程资源建设情况进行分析可以发现，目前大部分中职英语课程资源建设主要是围绕教材进行。例如，按照教学实施的情况每节课撰写教学设计，制作课件等，然后将这些内容组合形成课程资源。很多一线教师也认为，课程资源建设就是服务教师教学工作的需要，补充一些与教材相关的教学内容。例如，与教学主题相关的音视频资源等。当教师将课程资源建设理解为教学设计、课件及音视频资源的组合时，课程资源建设就缺少了统一的理念、目标及原则。通常情况下，学校或教研室会将课程资源建设的工作分配给多个英语教师，大家在实施课程资源建设时各自有自己的思考和风格，也有学校会采用将教师在教学实施中使用的教学文件或资源进行完善和组合，这样的建设过程更倾向于资源的征集和分享，而非一个资源建设的过程。可以看出，目前中职英语课程资源建设主要围绕教材进行，但是教材只是英语课程教学的重要组成部分，而非全部，如果过分依赖教材，按照教材去建设课程资源，可能会造成资源的类型、内容、难易程度等与学生的需求不吻合，从而影响了课程实施的质量与效果。

三、中职英语课程资源类型丰富，但是质量还有待提升

课程资源已经成为教师实施课程教学不可或缺的一部分。调研中，86.96% 的教师反映自己只要实施教学活动就会使用课程资源，93.48% 的教师表示课程资源建设对于中职英语课程质量的提升具有非常重要的意义。因此，教育行政部门、教研机构、学校及教师都非常重视课程资源的建设。随着信息技术的发展，中职英语课程资源的类型也逐步丰富，呈现出多样化的特征。目前教师在教学中使用的课程资源有文本资源、音像资源、数字化资源、设施设备资源及生活资源等。虽然，文本资源仍为教师教学中使用资源的主体，占比为 100%，其次是比较传统的音像资源，占比为 94.34%（见下页图 10），但是，我们可以看到随着学科核心素养的提出及中职英语课程教学模式的改革，新的课程资源类型

已经出现。例如，教师使用生活资源的比例为26.42%。生活资源的使用体现了教师改变传统教学模式，开展活动导向教学的实践尝试。通过使用生活资源，教师为学生提供了在日常生活或行业、企业工作场景中开展学习活动的机会。因此，可以看出学校及教师为满足学生学科核心素养的培养正在不断地拓展及创新中职英语课程资源形式，使课程资源更好地服务新形势下的中职英语教学。但是，我们也不难看出，目前课程资源建设质量还不够高，还不能很好地满足中职英语教学的需求。根据调研，一线教师认为目前能够获得的课程资源中，只有部分资源质量是有保障的，占比为65.22%，接近一半的教师认为自己获得的课程资源质量还不能达到课程实施的要求。这就影响了教师使用课程资源的效果。

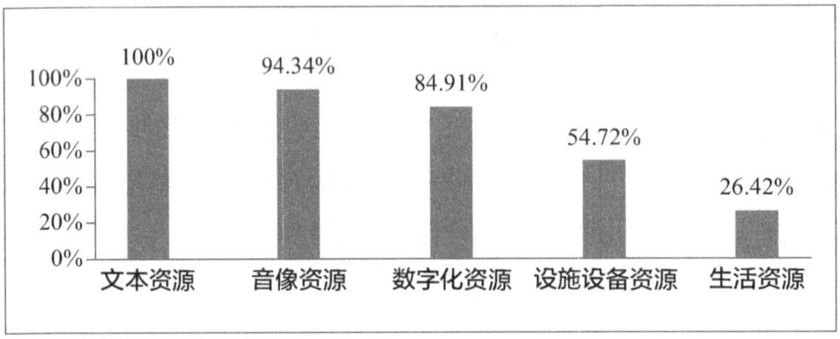

图10　教师教学中使用各种资源的情况

四、数字化资源建设还不能满足教师教学与学生学习的需求

随着国家教育信息化战略的推进，职业院校信息化基础建设得到了迅速发展，为教学提供了较好的信息化环境。教师的现代化教育教学理论水平、教学能力以及信息技术应用能力得以提升。越来越多的教师认识到信息技术对教学组织与实施的优化作用，并在教学中尝试运用信息技术实施教学活动。此外，《课程标准》将职场语言沟通列为中职英语学科核心素养的重要内容。因此，中职英语教学内容通常会将教学内容和教学活动放置在职业情境中，借助职业情境将英语知识与工作任务、

企业文化相融合，通过设计以职业任务为载体的语言训练活动，实现对学生学科核心素养的培养。生动、真实的语言情境与丰富多样的互动语言练习是英语教学的显著特点。传统教材多以文本形式呈现教学内容，部分教材配有教学视频或音频资源。但这些资源仅具备呈现教学内容的功能，缺乏教学与学习活动的设计，不能为教学创设仿真学习情境与交互性语言练习任务，难以有效支撑英语教学信息化的需要。

因此，教师通常需要对教材提供的内容或音视频资源进行再加工，或根据教材主题寻找相适应的数字化教学资源和学习资源来支撑信息技术与教学活动的深度融合，但往往因为缺乏合适的素材不能制作出高质量的数字化教学资源，影响了教学实施与学生学习的效果。

五、学生学习方式的变革对课程资源提出了新要求

学生是教育的服务对象，也是教育活动中最重要的要素，对教育内容与教育方式具有直接的影响。在网络与数字化环境下成长起来的一代学生，在思维方式、行为方式与学习方式上都较以前的学生有着明显的差异，他们对技术更加敏感，更喜欢使用技术解决问题；他们重视视觉体验，对媒体感兴趣，依赖网络，喜欢同时进行多个任务；他们难以容忍课堂灌输，喜欢小组合作，喜欢以目标和成就为导向的学习方式。可以看出，纸质媒体的传统教学资源虽然能够很好地支撑以“教”为主的教学方式，但是却很难满足强调主体参与、互动学习的新一代学习者。针对学生对英语学习素材兴趣偏好开展的调研显示，学生在文本对话与视频对话中更倾向于选择视频作为学习资源；在单向输入学习与互动学习资源中，学生更倾向于选择互动学习资源；在纯语言学习资源与具有职业情景的学习资源中，学生更倾向于选择具有职业情境的学习资源。另外，关于学生学习方式的调研也显示，使用在线资源自主学习，同伴协作学习、同伴讨论等是深受学生欢迎的学习方式。学生对学习资源的倾向性与学习方式的新特征对学习环境与学习资源提出了新诉求。在信息技术与教学融合度越来越高的“互联网 +”背景下，必须理解学生学习方式的新特征，开发设计满足学生学习特征的课程资源。

第二节

指向学科核心素养的中职英语教材建设

教材服务于教学，是实现教学目标的重要载体和手段。新时代中等职业学校英语教材建设的首要任务就是要厘清中等职业教育在新的形势下需要培养什么样的人才及英语课程在中等职业教育人才培养中发挥什么样的作用。根据《中等职业学校公共基础课程方案》（以下简称《公共基础课程方案》）“教职成厅〔2019〕6 号”，公共基础课程是中等职业学校课程体系的重要组成部分，是培养学生思想政治素质、科学文化素养等的基本途径，对于促进学生可持续发展具有重要意义。过去 40 年，中等职业教育为我国社会主义建设培养了上亿高素质劳动者和技能型人才，为我国经济社会发展提供了有力支撑。进入新时代，我国产业升级和经济结构调整不断加快，国际地位和国际影响力显著提升，对高素质一线劳动者和技术技能人才的需求更加迫切。为适应新的育人要求，《国务院关于加快发展现代职业教育的决定》“国发〔2014〕19 号”、《国家职业教育改革实施方案》“国发〔2019〕4 号”等文件先后提出了新形势下中等职业教育的发展规划，明确了中等职业学校要树立系统培养观念，要求职业院校不仅要强化对学生技术技能的培养，更应加强学生的文化基础教育，为学生全面成才、持续发展奠定扎实基础，凸显了公共基础课程在中等职业教育中的重要地位，为推动中等职业学校英语课程改革，增强英语课程育人功能指明了方向。《课程标准》的颁布为中等职业学校英语教材建设提供了直接指导与参考依据。

一、中等职业学校英语教材建设的主要问题

依据《课程标准》编写的国家规划教材颁布前，中等职业学校英语教材可以分为国家规划教材和地方教材。其中，国家规划教材为依据《教学大纲》编写，经教育部规划教材审批，在全国发行的教材。2009 年《教学大纲》颁布以来，国家采取“一纲多本”的原则进行中

等职业学校英语教材建设。2009 年—2021 年间，中等职业学校英语国家规划教材为高等教育出版社（简称“高教社”）、外语教学与研究出版社（简称“外研社”）、语文出版社（简称“语文社”）和教育科学出版社（简称“教科社”）出版的四套教材。地方教材则是各地依据地方教学要求编写的具有地方特色的教材。例如，江苏、山东、上海等地编写的地方教材。本文主要针对这期间的四个版本的国家规划教材进行分析讨论。

2009 年—2021 年间，在《教学大纲》引领下，中等职业学校英语教材建设取得了巨大发展，对中等职业学校英语教学改革起到了推动作用。但是，面对新时代中等职业教育改革发展的新形势及在课程中落实立德树人根本任务的要求，这些教材也暴露出一些问题，主要体现在以下四个方面：育人功能有待增强、规范性有待提高、职教特色有待加强、评估体系有待完善。

（一）育人功能有待增强

2009—2021 年间，四个版本的国家规划教材均依据《教学大纲》编写。《教学大纲》对中等职业学校英语课程的定位是培养学生的文化素养、服务学生专业学习和终身学习。因此，这些教材在编写理念、教学内容选择及教学活动设计等方面均关注了学生文化素养及英语语言能力的培养，推动了中等职业学校英语教学从重知识向重能力的转变。但是，随着我国进入新的发展阶段，面对全面提高国民素质，培养德才兼备的技术技能人才的新要求，中等职业学校英语教材就暴露出一些亟待解决的问题。其中，最为突出的问题是，教材蕴含的教育元素不丰富、育人功能不充分等。首先，教材中蕴含中华优秀传统文化、革命文化与社会主义先进文化的语篇数量较少，在落实社会主义核心价值观教育、加强革命教育与中华优秀传统文化教育方面还显不足。以四个版本教材的基础模块为例，教材中包含中华优秀传统文化、革命文化以及社会主义先进文化的语篇数量在各版本教材语篇总量中占比均较低（见下页图 11）。其中，语文社版教材相关语篇占比最高为 12.5%，其余三个版本教材中的相关语篇占比均未超过 10%。进一步对这些语篇涉及的主题进行分析，发现语篇主题主要集中于中华优秀传统文化与中国自然风光。例如，高教社版教材的语篇主题为中国传统食物、教科社版与语文社版为中国传统节日、外研社版教材为我国自然风光。四个版本教材均未包含革命文化及社会主义优秀文化类语篇。因此，教材蕴含的中华优秀传统文化、革命文化与社会主义先进文化的教育元素不够丰富，语篇主题也比较单一，尤其是在培养学生爱国主义情怀方面还存在明显不足。

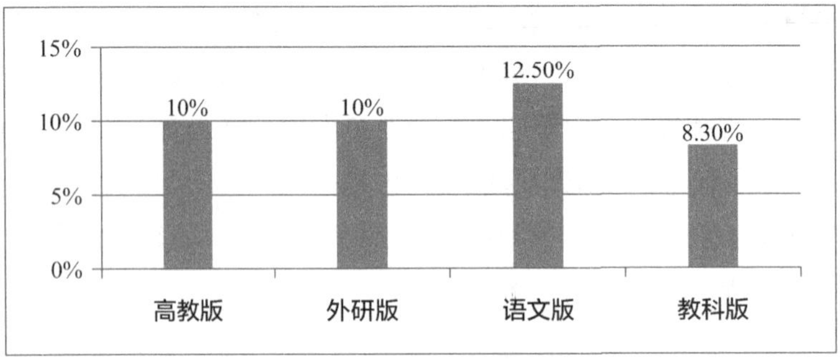

图 11　中华优秀文化、革命文化及社会主义先进文化语言素材在四个版本教材中的占比

其次，四个版本教材在引导学生形成正确价值观念方面还显不足。中等职业学校英语课程不仅要帮助学生进一步巩固语言基础知识，提高听、说、读、写语言技能，更要帮助学生在客观认识多样文化的基础上，形成国际理解能力，坚定文化自信，形成正确世界观、人生观、价值观。学科活动是养成学科核心素养的主要路径。素养只有在需要素养的活动中才能形成。杜威指出，真正的知识应该是主体与客体对象在相互作用的过程中，主体与经验材料紧密联系在一起的结果。因此，教材须提供包含丰富教育元素的教学活动，让学生通过参与活动与语言素材深度互动，理解语篇内涵并形成价值认同，帮助学生构建正确的价值体系。但是，四个版本教材中的教学活动设计仍以巩固语言知识、提高语言技能为目标，以价值观念引导为目标的深度学习活动较少。例如，教科版教材基础模块第一册第八单元的对话主题为中国传统节日——春节。该对话包含了春节的基本信息与传统庆祝活动，如果能够让学生在学习对话的基础上思考并理解春节在中国传统文化中的重要意义，春节庆祝活动的文化内涵等，就可以让学生对春节形成更深刻的认知和理解。但是，教材中的两个教学活动，一个是将图片与春节庆祝活动匹配，另一个是句式结构练习，均为语言知识学习与语言技能训练活动，缺乏对语言素材深度理解的教学活动设计，难以有效引导学生形成正确价值观念。

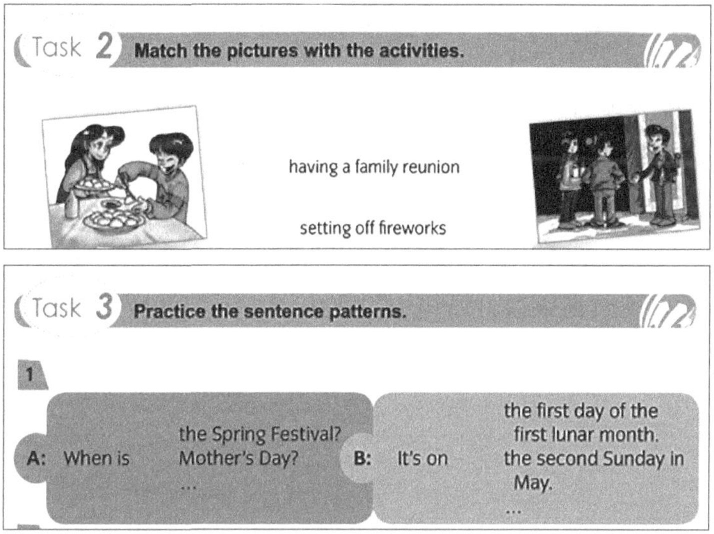

图 12　教育科学出版社基础模块第一册第八单元听说模块教学活动示例

（二）教材规范性有待提高

《教学大纲》明确了中等职业学校英语课程的性质与任务、课程目标、教学内容等，对规范中等职业学校英语教学起到了重要作用。但是，《教学大纲》更多地强调教师的教，没有对学生的学习过程、方法尤其是学习质量提出具体要求，这给教材编写留出了较大空间，也容易导致不同版本教材编写理念与教材难度的不同。语篇是英语教学的基础资源。教材选择什么样的语篇反映了教材的编写理念。以四个版本国家规划教材基础模块第一册中“日常生活—饮食”为主题的单元为例进行对比分析，可以发现，高教社版教材与外研社版教材均选择了餐厅服务员为顾客提供点餐服务的对话作为听力素材。同时，高教社版教材还选择了菜单作为阅读语篇，这些语言素材都为学生的学习提供了与职业活动相关主题与情境，充分体现了职业教育英语教学的特点，反映了培养学生职场语言应用能力的教材编写理念。教科社版与语文社版教材选择的语篇则提供了日常交流主题与情境，反映了教材注重通用语言能力培养的编写理念。可以看出，四个版本国家规划教材的编写理念并不统一。此外，通过对比教材中语篇的难度也可以发现，四个版本国家规划教材的难度也不一致。本文采用 FRE（Flesch Reading Ease）文本易读性评估公式，以语篇总词量、总句量、平均词长、句长、词频等因素作为参量，对四个版本国家规划教材的语篇难度进行评估，发现核心参量差异明显，例如，四个版本教材中高教社版教材语篇总单词量最少为 45 词，教科社版最多为 247 词，总单词量极差为 202 词（见图 13）；高教社版教材平均句长最少为 3 词，语文社版教材最多为 11.25 词，平均句长极差为 8.25 词；高教社版教材语篇中没有生词，语文社版教材语篇中包含生词最多为 23 词，极差为 23 词（见图 14）。

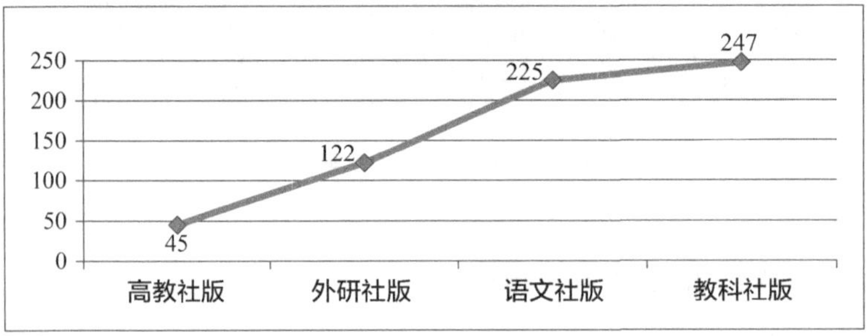

图 13　日常生活—饮食单元阅读语篇总词汇量对比

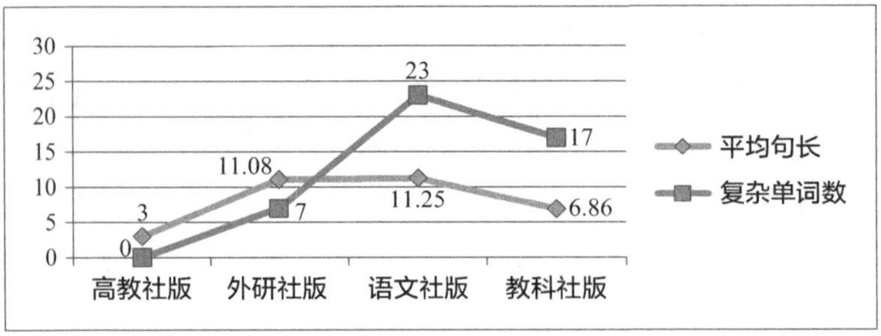

图 14　日常生活—饮食单元阅读语篇平均句长及复杂单词数对比

FRE 文本易读性公式评估结果显示四个版本教材的易读性指数分别为，高教社版教材 98.51、外研社版教材 89.48、教科社版教材 93.69、语文社版教材 82.99。根据 FRE 文本易读性评估公式，易读指数越高，文本难度越低，因此，四个版本教材中高教社教材语篇难度最低，语文社版教材语篇难度最大。按照 FRE 文本难度级别的划分，教科社与高教社版教材语篇难度为非常容易级别（91–100），语文社与外研社版教材语篇属于容易级别（81–90）。由此可见，四个版本教材难度差别明显（见图 15）。

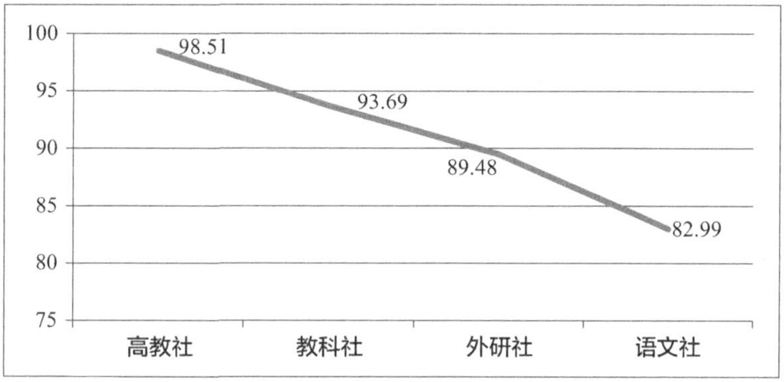

图 15　四个版本教材 FRE 文本易读性指数

国家规划教材是中等职业学校英语教师与学生开展教与学活动的直接依据，不同版本教材编写理念与难度不一致，必然会影响教师对课程目标的认知与理解，阻碍教学活动的有效实施以及课程目标的达成。

（三）教材职教特色不鲜明

职业教育是类型教育。中等职业学校英语课程要服务于中等职业教育人才培养目标，体现职业教育特点，符合技术技能人才成长规律。因此，英语教材中应适当融入职业元素，帮助学生了解行业、企业发展，提高学生在职业情境中的交际能力与职业意识、职业素养。《教学大纲》在中等职业学校英语课程结构中专门设置了职业模块，以培养学生职业场景中的语言应用能力，充分体现了职业教育英语教学特色。但是，基础模块与拓展模块教材的职业教育特色仍有待加强。首先，教材中与职业相关的语言素材占比较低。四个版本教材基础模块与拓展模块中与职业相关语言素材占比均不足三分之一（见图 16）。这也反映出教材编写者还缺乏依托英语课程培养学生职业能力与职业素养的认识。另外，教材中包含的与职业相关的语言素材多为传统职业工作场景，例如餐厅点餐、商场购物、俱乐部入会咨询等，缺乏体现行业、企业最新发展趋势，反映新技术、新工艺、新劳动样态的教学内容。

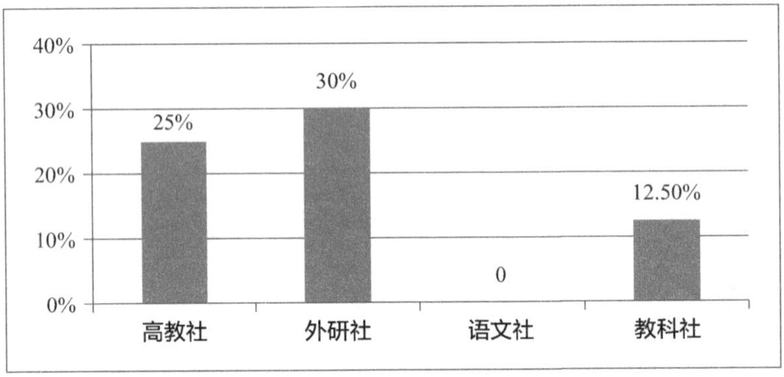

图 16　基础模块、拓展模块中职业元素语言素材在四个版本教材中占比情况

其次，教学活动设计对职业素养的培养不充分。挖掘教材中蕴含的职业教育元素，将职业素养教育有机融入语言学习活动，才能实现培养学生职业能力与职业素养的教育目标。因此，能否根据教学内容创设职业场景，设计基于岗位工作任务的教学活动是体现英语教材职业教育特色的关键。但是，四个版本教材基础模块与拓展模块的教学活动设计，对职业教育元素挖掘不充分，没有实现英语应用能力与职业素养培养的有机结合。与职业素养相关的要素还未纳入教学活动目的、内容、形式、评价的设计，因此，教学活动在促进学生职业素养发展方面还有待提高。

（四）教材的评估体系尚不完善

随着职业教育的快速发展，中等职业学校英语教学也越来越受到社会各界的重视，市场上面向中等职业学校的英语教材也逐渐丰富。除国家规划教材外，还出现了部分省市编写的地方教材等。教材版本的丰富为中等职业学校英语教学提供了更多的选择空间，教师可以根据学生的特点，学校的育人特色及自己的教学风格选择适当的教材。市场发行的教材也存在质量良莠不齐的现象，因此，也会给教师选择教材带来一定的困扰，例如，同样是中等职业学校英语基础模块教材，但却在编写风格、语篇难度、活动设计等方面存在着明显的差异，教师很难判断哪一个版本才是适当的教材。因此，很多专家也呼吁构建具有中国特色，科学、完整、系统的外语教材编写和评估体系。

二、新时代中等职业学校英语教材建设策略

中等职业学校英语教材是实现英语课程目标、培养学生英语学科核心素养的重要媒介，也是教师开展教学活动的依据。新时代职业教育的改革发展以及《课程标准》的颁布为中等职业学校英语教材建设带来了新的机遇，同时也带来了新的挑战。建设高质量英语教材需要在对接中等职业教育英语教学发展需求和中等职业教育人才培养目标的基础上，推动教材体系的革新、发展与完善。具体而言，笔者建议从以下几个方面加强新时代中等职业学校英语教材建设。

（一）坚持立德树人，加强教材育人功能

党的十九大提出要全面贯彻党的教育方针，落实立德树人根本任务的要求。《课程标准》凝练的中等职业学校英语学科核心素养标志着新时代中等职业学校英语课程的价值取向由语言知识传授和语言技能培养转向了促进学生全面发展，明确了英语课程的育人功能。此外，中职英语课程还应在教学中渗透思政教育，发挥课程的思政作用，与思政课同向同行，形成协同育人效应。

首先，教材编写应坚持党的领导。“立德树人”关乎培养什么人、怎样培养人以及为谁培养人的根本问题。进入新时代，针对国家发展面临的新问题，习近平总书记把“四育”提升为“五育”，指出努力构建德智体美劳全面培养的教育体系，并着眼新时代中国特色社会主义教育

的全局，深刻阐释了立德树人的基本内涵。落实立德树人根本任务的重要载体是教材。要在中职英语教学中落实立德树人根本任务，充分发挥英语课程的育人作用，就应在教材中体现党和国家对教育的基本要求，引导学生形成正确的价值观念。因此，坚持党的领导是在教材建设中落实立德树人根本任务的前提。

其次，教材内容应有机融入思想教育元素。有机融入思想教育元素是在教材建设中落实立德树人根本任务的核心。Cunningsworth 认为任何教材都会直接或间接地传达某种社会或文化价值。因此，中职英语教材也应体现新时代的价值追求，应在分析课程特点的基础上，挖掘课程的思想教育元素，形成中职英语课程的育人脉络，并将语言知识、语言技能、思想教育元素进行统一规划，形成中职英语教材框架。语篇是英语教学的基础性资源，选择蕴含丰富思想教育元素的语篇并将其纳入教材才能建设知识、能力、思想教育于一体的中职英语教材内容体系。例如，高教版《英语拓展模块》第五单元的主题为“科技”。教材编者除考虑与该话题相关的语言知识、语言技能外，还考虑了学生通过该主题的学习应获得哪些思想品质、形成哪些积极的价值观念。因此，教材选择了中国复兴号高铁的新闻报道作为阅读语篇，在呈现话题相关语言知识的同时，介绍了我国具有完全自主知识产权，走在世界先进行列的高速列车制造技术，将民族自豪感、荣誉感的思想教育内容，以及爱国主义教育有机融入教材内容中。再如，外研社版《英语基础模块 1 学生用书》第五单元的主题为“环境保护”，教材内容包括节能减排、垃圾处理等话题，让学生意识到环境保护的重要性，理性分析如何有效保护环境，提出个人见解，改变自身生活方式，用实际行动参与环境保护。本单元还介绍了 3R 环保原则。此外，通过河北塞罕坝荒漠变绿洲的案例，展现了中国政府和人民对于环保的坚定决心和不懈努力，让学生树立文化自信。

（二）融入职业元素，突出教材职教特色

职业教育是与普通教育不同的教育类型。为服务中等职业教育人才培养目标，中等职业学校英语教学在培养学生文化意识、文化素养和思想品德修养的同时，还承担着为学生职业生涯服务的功能。《课程标准》

将职场语言沟通确定为中等职业学校英语课程的核心素养之一，明确了学生在职业情境中运用语言进行沟通的能力的重要性。同时，也明确了中等职业学校英语课程与普通教育学校英语课程的本质差别。因此，中等职业学校英语教材应当采用和普通教育教材不同的编写模式，在内容、活动设计等方面突出鲜明的职教特色。

首先，教材内容应加强与职业活动的联系。虽然英语教材的编写应遵循学科知识结构特点和逻辑关系。例如，教材中语法知识内容就必须按照语法的难易程度以及语法学习的规律进行设计，否则就会给学生的学习带来障碍。但是，在遵循语言学习规律的前提下，将行业、企业发展的新形势，新工艺和新的劳动形态融入教材内容，才能潜移默化地培养学生的职业意识与职业精神，帮助学生形成正确的劳动观念与崇尚劳动的精神，为学生成长为高素质劳动者和技术技能人才奠定坚实的基础。例如，以“环境保护”为主题的单元，可以结合我国环境保护行业的发展选择生态修复技术的语篇，在教材内容中恰当融入职业元素，一方面呈现教学主题要求的语言知识、语言技能；另一方面为学生提供相关主题下的职场交流语境与工作任务，为学生形成职场语言沟通能力提供支撑。

其次，教学活动设计应有利于学生语言能力与职业素养的共同发展。《课程标准》强调通过创设与学生实际生活或未来职业相关的语言情境，有机整合语言知识学习和技能培养、文化知识学习与思维能力培养，通过开展集听、说、读、写为一体的语言学习活动，促进学生的全面发展。Nunan 指出学习任务本身就是一项交际行为。因此，教材中教学活动的设计应尽可能来源于生活或职业实际，让学习活动成为或接近真实的交际活动，引导学生在学习过程中不仅将注意力集中于语言，更要关注交际过程，从而通过学习体会到交际活动对语言、能力、思维、文化等的综合要求。例如，结合以“购物”为主题的教学内容，教材可以结合售货员的岗位任务，设计听对话选择符合顾客要求的商品，并为顾客介绍商品的学习活动。这两个活动一方面可以达成训练学生基本语言技能与学习语言知识的教学目的，同时，也可以让学生通过参与具有职业特点学习活动，了解职业场景中的语言应用方式、特点及目的，通过学习活动提升自身的职业意识与职业能力，实现语言能力与职业素养的共同发展。

（三）建立评估体系，保障教材编写质量

随着职业教育的快速发展，面向中等职业学校出版发行的教材数量也迅速增加，一方面丰富了中等职业学校的教学资源，为学校和教师提供了选择的空间，另一方面，这些教材也难免存在质量良莠不齐，部分教材质量不尽如人意的现象。因此，应尽快建成适合我国国情的教材评估体系保障教材质量，为学校选择和使用高质量教材提供保障。

教材评价是指通过特定的方法和途径对教材的有效性、可靠性、可行性和使用效果进行分析，并通过一定的方式对结果进行分析概括，得出对教材总体认识的一种活动。通常情况下教材评价包括对教材本身编写质量及其满足教学需求两个方面的质量评估。因此，教材评估体系建设应包括教材编写质量及教材使用情况指标体系的建设。

首先，应编制科学的教材编写质量评价指标体系。教材不同于一般的科普读物或学术专著，有很强的教学规定性，其内容的深度、广度必须遵循教学标准。胡壮麟等认为教科书的评价应该检查教材是否符合《教学大纲》。庄智象也认为应对教材是否体现《教学大纲》要求进行评价。《教学大纲》或《课程标准》是体现国家教育方针政策的教学指导文件，反映中等职业学校英语教学的最新研究成果和教学理念，教材编写者是否能把这些研究成果应用于教材编写，指导教学实践，是中等职业学校英语教材评价的重要内容。《课程标准》的颁布为中等职业学校英语教材建设提供了指引与要求，也为教材评价提供了评价维度与标准要求。研究者可以根据《课程标准》及教材编写特点设计评价内容与评价标准，构建教材编写质量评价指标体系。（见下页表 20）

其次，应建设教材满足教学情况的评估指标体系。Cunningsworth认为教材评价应包括教材能否满足学生的需求，能否激发学生的学习热情，以及教材能否提高学生的学习动机等；Ellis 也提出以学生的视角去评价英语教材；程晓堂建议对教材是否可以满足教师和学生的需求进行评价。因此，从教与学的角度设计评价内容与标准是教材评价的重要组成部分。《课程标准》对英语教学实施提出了具体要求，明确了未来中等职业学校英语教学应遵循的原则、实施的方式以及应具备的特点，

因此，建议根据《课程标准》的教学建议设计教材满足教学需求情况的评价内容与标准。（见表 21）

表 20　基于《课程标准》设计教材编写质量评价指标体系

课程目标	学科核心素养	⇨	教材目标	学科核心素养
课程理念	促进学生全面发展		教材理念	促进学生全面发展
课程内容	主题		教材内容	语篇主题
	语篇类型			语篇类型
	语言知识			语言知识
	文化知识			文化知识
	语言技能			语言技能
	语言策略			语言策略

表 21　基于教学要求设计教材评价内容

教学要求		教材评价内容与标准
1. 坚持立德树人，发挥英语课程育人功能	⇨	1. 教材内容及教学活动是否蕴含丰富的育人元素
2. 开展活动导向教学，落实学科核心素养		2. 教材内容逻辑关系是否清晰
3. 尊重差异，促进学生的发展		3. 教学活动设计目标是否明确
4. 突出职业教育特点，重视实践应用		4. 教学内容及教学活动难度是否合适
5. 运用信息技术，促进教与学方式的转变		5. 教学活动设计是否基于真实问题或实际任务
		6. 教学活动设计是否体现学生主体
		7. 教学活动设计是否有利于促进学生学科核心素养的养成
		8. 教材是否提供充分的信息化教学资源

当前我国日益走近国际舞台的中心，职业教育更加重视教育质量内涵建设，中等职业学校英语教学的定位和要求发生了新的变化。本节内容结合中等职业学校英语教学的新目标和新方向，梳理分析了中等职业学校英语教材建设中现存的主要问题，并就新时代中等职业学校英语教材建设提出相关建议。新时代我国经济发展需要更多具有正确价值观念、较高外语素养与国际视野的技术技能人才。因此，中等职业学校英语教材建设应积极对接国家发展战略和需求，增强教材育人功能，规范教材内容，创新教材形式，完善教材评价机制，有效促进中等职业学校英语教学的发展和人才培养。

第三节
"互联网 +"背景下英语课程资源建设建议

随着信息技术的迅速发展，互联网技术已经深入到社会生活的各个领域，成为推动各个产业、行业创新发展的重要动力，一种"互联网 +"生态正在形成。"互联网 +"背景下的英语教学正在发生着深刻的变化，呈现出学习资源数字化、教学支持网络化与学习方式多元化的趋势 。在"互联网 +"背景下，充分利用互联网技术优势，结合英语教学特点，探索课程资源建设的方法途径，是英语教学主动适应时代发展需求，创新英语教学模式与学习方式，推动英语教学创新的必然举措。

一、"互联网 +"背景下中职英语课程资源建设

（一）构建互联网支持下的课程资源体系

1. 课程资源体系框架构建

通过对"互联网 +"背景下英语教学需求的分析，结合文献分析与实践研究，在考虑资源内容划分、功能设计与资源类型选择的基础上，建设三维多媒介英语课程资源体系。

所谓三维是指从学生学习、教师教学与教学评价三个维度进行课程资源内容建设与功能设计；多媒介是指根据中职英语课程实际，在三个维度下均开发纸质媒介与数字化媒介、物质媒介等多种类型的课程资源。

中职英语课程资源体系采用模块化建设思路，按照中职英语教学需求，建设学习资源、教学资源与评价资源三个模块。各模块下根据资源媒介的不同分别按照纸质资源、数字化资源与物质资源等建设功能资源模块。其中，纸质媒介下的资源呈现形式为教材、教辅等纸质化教学材料。数字化媒介下的资源呈现形式为根据教学目标、学习活动、教学活动与评价需求建设的具有助教导学功能的资源模块。例如，辅助学生自主学习的数字化语言学习资源、具有互动功能平台支撑的教学活动资源等。物质媒介下的资源呈现形式为教与学开展语言实践需要的资源形式，如语言实训场所等。这些教学材料与资源模块是中职英语课程资源体系的基础构成部分。

2. 课程资源体系中各层次功能模块之间的关系设计

中职英语课程资源体系中学习资源模块、教学资源模块与评价资源模块三者共同服务于中职英语教学。其中，学习资源模块与教学资源模块的主要功能是支持教学中教师的课堂教学活动与学生的自主学习活动。教学活动与学习活动虽然主体不同，但是两者之间的关系密不可分，教师的教学必须以学生的学习需求为导向，学生的自主学习又要基于教师的教学活动设计。因此，这两个资源模块在资源建设过程中必然在目标设定、内容选择、标准制定等方面统筹考虑，协调一致。但是，因为使用主体的不同，这两个模块的资源又必然在内容呈现形式、资源功能设计等方面存在差异，以更好地服务于教师教学与学生学习的个性化需求。

资源体系中的评价资源模块则主要服务于学习效果的检测与针对学生学科核心素养发展情况的综合测试与评价。这一资源模块在目标设定与功能设计上与另外两个模块差别较大，但是又不完全独立于另外两个模块。中职学生英语学科核心素养评价必然以教学与学习内容为基础。因此，这一模块中评价标准的设定、评价内容的选择、评价形式的设计都和另外两个模块息息相关。

可以看出，这三个模块都以中职英语课程目标为资源建设依据，三个模块之间联系密切，互相依存，互为支撑，共同支持中职英语教学与学习活动的实施与开展。

（二）课程资源内容开发

中职英语是培养学生运用英语分析和解决问题或完成实际任务的能力，实现学科核心素养发展的课程。其教学内容、学习情境与教学标准必须与生活实际及行业、企业工作实际紧密对接。因此，中职英语课程资源必须来源于生活的实际问题或行业、企业的真实工作任务，通过对真实问题及工作任务的教学转化形成教学或学习任务，并在此基础上建设课程资源。

首先，在课程内容与实际生活之间建立联系。教师可以结合《课程标准》规定的主题选择生活中的典型问题或对行业、企业的工作流程进行分析，选择典型工作任务及其所涉及的职业情境，并梳理归纳出行业中的通用职场情境。其次，对通用职业情境的语言交流任务进行分析，列出完成这些交流任务所需要的语言知识点与技能点，以及该任务对思维能力、文化品质及工作态度的要求，对其共同点进行归纳总结，形成开发教学资源的素材基础。然后，通过对各职业情景下的语言知识、语言技能与工作态度进行归纳，形成各职业情境下的英语能力要求，并依据认知规律，按照从简单到复杂、由单一到综合、由低级到高级的顺序对能力进行排序，结合行业工作流程，确定中职英语课程资源开发内容。

（三）数字化课程资源功能设计

建设中职英语课程资源体系的目的不仅是拓展与丰富中职英语教学内容，更重要的是适应“互联网 +”背景下英语教学与学习方式的变革，对新形势下中职英语的信息化学习、教学与评价方式给予支持。根据 lev vygotsky 的活动理论，数字化资源在课堂教学与学习活动中不是纯粹的教学内容，而是学习活动、教学活动与评价中“主体”与“客体”之间的“中介”，要让数字化资源在学习、教学与评价中发挥作用，必须从考虑“主体”“客体”及其在活动中的关系出发设计数字化资源的“中介”功能。因此，中职英语教学资源体系在建设过程中特别增加了支持学生自主学习活动、课堂教学活动及评价的支持工具功能。

二、“互联网 +”背景下中职英语课程资源的特点

（一）资源素材模块化

资源素材的模块化特点是指中职英语课程资源在选择与划分基本素材过程中采用按照教学或学习主题确定建设素材模块的方式搭建资源体系的基本框架。这一思路来源于模块课程理念，是指按照程序模块化的构想和编制原则而设计的课程模式，是以课程的教育教学、管理功能分析为基础，充分考虑课程编制与课程实施的要求，将课程内容分解为合理的课程模块，并逐步开发出众多的课程模块，进而形成课程模块库。中职英语课程资源建设过程中充分考虑其资源内容与《课程标准》规定的主题之间的对应关系，以主题所涉及的生活与职场情境为单位建设相对完整独立的资源模块。这一思路跳出了传统的单一线性课程编写体系，便于学生自主学习，也便于教师灵活选择、组合适当的教学内容，开展教学活动。另外，模块化的资源体系中，每一个资源模块都相对完整独立，便于教师在教学过程中对任何一个模块进行修改与完善，为保证中职英语教学内容与社会及行业、企业发展同步提供可能。

（二）资源形式立体化

立体化是指中职英语课程资源在建设过程中通过对教学内容、教学策略、使用媒介等多层次进行科学设计，保证课程资源适合不同层次与不同学习阶段的学生。“互联网 +”背景下，开展课程资源建设的根本目的，是借助信息技术与网络技术的优势，建设丰富的学习资源，提供多样的学习与评价方式，使课程资源可以全方位、多层次、多角度、实时或非实时地予以组织和呈现，更好地实现教学过程的开放、交互、共享、协作以及学生学习的自主化、个性化。

就中职英语而言，课程资源建设可以以传统纸质文本资源为素材基础，根据教学内容特点、学生能力层次、学习方式、资源作用等教与学的需求，开发建设多样的数字化学习资源及语言实践资源，与传统纸质教学资源互补，形成立体化的教学内容；建设丰富的线下学习环境、在线学习环境、数字化教学环境，为学生的自主学习，合作学习等多样化学习方式提供支撑；还可以借助网络的优势将学生、教师、行业企业专家等与课程资源建设与教学相关的人员集合在一起，共同参与到教学评价中，实现教学评价的立体化。

（三）资源建设生成性

生成性是指英语教学资源的内容建设过程不是封闭的，而是一个开放、持续的过程。中职英语作为中职学校各专业必修的公共基础课程，既具有基础性、科学性的特点，也具有职业性和时代性的特征。教学内容必须能够反映行业、企业职场任务的真实场景与语言要求。因此，需要根据行业、企业的发展及时更新和调整课程教学内容，提高课程教学内容的适应性。“互联网 +”背景下，信息技术与网络技术的发展实现了教学资源的数字化，也为随时更新教学内容提供了可能，使中职英语教学资源的建设具有了开放性和持续性。中职英语教学资源内容可以根据教学内容的变化随时更新和替换，也可以根据教学需求不断丰富完善，使教学资源的建设过程呈现出边使用、边建设的状态，体现出本课程教学资源建设的生成性特点。

（四）资源功能交互性

交互性是指“互联网 +”背景下，英语教学资源已经不是仅仅能够呈现教学内容的静态资源，而是具有服务教师教学与学生学习功能的交互性资源。信息技术的发展不仅带来教育教学形式的变革，更重要的是促进了教育教学理念的转变，人们从关注教师的教转变为关注学生的学，教学资源建设也从关注为教师教学提供辅助资源，转变为支撑学生的学习资源。新理念更强调教学资源为学生的主动学习服务与满足学生个性化学习需求服务。从学生的角度出发建设具有交互功能的学习资源，既有利于学生的自主学习，更能有效地激发学生的学习兴趣。

中职英语课程的教学目标是培养学生职场语言沟通、思维差异感知、跨文化理解与自主学习等学科核心素养的发展。其中，职场语言沟通，尤其是在职业情境中综合运用语言的能力的培养是本课程的重要内容。这类学习任务需要具有交互性教学资源的支撑，才能满足学生自主学习与个性化学习的需求。因此，根据不同的学习目标，借助信息技术建设仿真语言练习任务，让学生在模拟场景中实现语言训练，提高语言技能，并根据学生的学习状态为学生推送符合学生个性化学习特征的学习资源，都将成为中职英语教学资源的必要特征。

三、"互联网 +"背景下中职英语教学资源建设策略

（一）紧密结合英语课程特点确定教学资源建设思路

中职英语课程特点主要包括：第一，教学内容突出职业教育特点，强调与生活实际及行业、企业实际工作情境的结合，借助职业任务呈现教学内容。因此，中职英语教学具有很强的情境性。第二，中职英语的课程目标是培养学生在情境中综合运用英语解决问题或完成交际任务的能力，最终要促进学生学科核心素养的发展，具有实践性强的特点。因此，中职英语教学不仅有英语语言知识教学特点，更强调通过大量的语言实践活动实现对学生职场语言沟通、思维差异感知、跨文化理解及自主学习等学科核心素养的培养，体现课程的育人功能。第三，中职英语教学手段上呈现出现代化的趋势。随着互联网技术的发展，计算机、多媒体、移动终端等都逐步进入英语课堂教学与课外学习。借助信息技术与网络技术开展教学，将逐步成为中职英语教学的常态，这将为提高中职英语教学效率和教学质量奠定基础。以上特点要求在建设中职英语教学资源时，除了要提供中职英语的学科知识，更重要的是要提供有利于语言学习和应用能力培养的资源类型，如职业活动场景视频和语言情景练习互动软件等。总之，中职英语课程资源只有与社会发展及行业、企业实际需求实现"零距离"，才能充分发挥中职英语课程的育人作用，实现学生学科核心素养的发展。

（二）多主体合作协同开展英语教学资源建设

中职英语课程的任务是培养学生在职业情境中综合运用英语语言分析和解决问题或完成职业任务的能力，实现学科核心素养的发展。这一要求决定了中职英语课程资源在内容选择与学习任务设计方面，要同时关注英语语言知识与文化品格、英语语言技能与思维能力的有机结合。显而易见，中职英语教材的编写仅仅依靠英语教师是很难完成的，必须组建英语教师与行业、企业专家共同组成的编写团队，实现学校教师与行业专家同时发挥优势，共同合作，开展课程资源建设。课程资源建设过程中，英语教师与行业、企业专家共同商讨形成教学资源建设的体例结构。英语教师根据资源建设思路提出教学资源内容的设想，行业、企业专家则从工作任务角度给出内容选择与建设的建议，对教学资源素材内容的实用性与时代性进行把关。多主体参与教学资源建设可以避免课程资源仅关注语言知识体系的建构，忽略课程资源应具备的实践性特点；可以避免课程资源脱离行业发展实际，保证课程资源在以语言学习为核心的基础上具有鲜明的职业教育特点。

（三）市场化运营机制实施英语教学资源管理

课程资源建设的目的是满足教师教学与学生学习需求。课程资源建设后实现资源共享不仅能够更大范围地发挥资源建设的作用，也有利于优质资源的传播与教育公平与教育社会化的目的。

中职英语的课程资源内容不仅是职业院校英语教学内容，同时，也是社会人员、在职职工等继续教育的学习内容。中职英语课程资源同样适用于希望在语言学习方面继续提升的人员，可以作为在职培训与自主学习内容，具有广泛社会需求。因此，中职英语课程资源在共享过程中引入商业化运营机制，不仅可以实现前期资源建设成果的价值转化，吸引社会各界资金进入教育教学发展，促进课程资源更好地建设；还可以及时了解市场需求，对资源建设的内容、类型等进行评估与调整，提高资源建设的适应性。最后，商业运营的机制有利于课程资源的持续建设与后续建设与维护，为资源建设的可持续发展提供了机制保障。

第六章

中职英语教育教学展望

第一节

学科核心素养背景下中职英语教育发展趋势

随着《课程标准》的颁布，英语学科核心素养的培养将成为中职英语教学的重中之重，这也是全面贯彻党的教育方针，落实立德树人根本任务在中职英语学科层面的重要体现。课程理念与目标的变化必然带来课程建设与实施的全方位改革。具体而言，中职英语课程在《课程标准》引领下将呈现以下特点：

一、英语课程的基础性地位没有改变

2009 年版《教学大纲》指出，英语课程是中等职业学校学生必修的一门公共基础课。本课程的任务是：使学生掌握一定的英语基础知识和基本技能，培养学生在日常生活和职业场景中的英语应用能力；培养学生的文化意识，提高学生的思想品德修养和文化素养；为学生的职业生涯、继续学习和终身发展奠定基础。《教学大纲》明确规定了英语课程在中等职业学校课程建设中的地位，同时指出英语课程对学生专业技能的学习、综合职业能力及创业能力的养成具有重要的基础性作用。经济社会的发展对职业教育人才培养提出了新的要求，近十年来我国职业教育改革不断深化，职业教育课程改革的理论与实践探究也不断深入。但是，英语课程的基础性地位并没有改变。2019 年版《公共基础课程方案》指出公共基础课程是中等职业学校课程体系的重要组成部分，是培养学生思想政治素质、科学文化素养等的基本途径，对于促进学生可持续发展具有重要意义。《公共基础课程方案》明确了新形势下中等职业学校课程体系中公共基础课程的共性特征，即培养学生思想政治素质与科学文化素养，服务学生的终身可持续发展。英语课程是公共基础课程之一，根据《公共基础课程方案》，英语课程主要功能是服务学生的思想政治素质与科学文化素养的培养。2020 年版《课程标准》也强调了中职阶段英语课程促进学生学科核心素养发展，为学生终身可持续发展奠定基础的课程任务。因此，新形势下英语课程在中等职业学校课程体系中的基础性地位没有改变。

二、英语课程的育人功能凸显，教师的课程育人意识不断加强

《教学大纲》倡导能力本位理念。《教学大纲》贯彻了我国职业教育“以就业为导向、以能力为本位”的指导思想，根据当时中等职业学校学生英语的实际水平，学生的学习方式、学习兴趣和能力，制定了大纲的宗旨与目标，将中等职业学校学生的能力培养作为英语课程的核心，以能力和学生发展为本设定课程目标。《教学大纲》体现了中职英语教学在知识本位的课程理念基础上的发展，关注了学生能力的培养。但《教学大纲》还未充分关注语言学习对学生人文素养的培养及对学生正确价值观念的培训，课程的育人作用没有得到强调和凸显。

《课程标准》在立德树人背景下充分挖掘中职英语课程的育人价值，凝练了中职英语学科核心素养，并以学科核心素养为主线构建了英语课程体系。因此，中职英语课程的目标已经由原来的培养学生语言运用能力发展为促进学生学科核心素养的发展，充分体现了英语课程育人功能。英语作为一门语言，其作为交流工具的特点很容易被人们认同和发现，但是语言的学习并不局限于语言本身，还包括语言学习的过程，例如，学习英语过程中，学生可以通过接触与母语不同的英语，发现两种语言之间差异，促进其思维的发展；学生也可以通过接触语言传递的文化信息，拓宽自己的视野，增强学生的国际理解能力，提升学生的跨文化交流能力等。这些都是英语课程育人功能的体现，以往教学中，因为过于关注英语课程的工具性，其人文性往往被弱化或忽略。《课程标准》提出学科核心素养的理念，并以学科核心素养的维度设置课程目标，凸显了中职英语课程的育人价值。《课程标准》引领下的中职英语课程改革也必将不断加强课程的育人作用，从而在中职英语教学中将立德树人的根本任务落到实处。

随着对《课程标准》理念及要求理解的深入，教师对中职英语课程的任务认识将更加准确。教师在理论学习、教学研究及实践的基础上，更加深刻理解并认同中职英语课程对学生学科核心素养的促进作用，并在教学中予以落实。

首先，教师将推进中职英语教学改革，将立德树人作为教学的根本任务，引导学生树立积极的态度和正确的价值观。英语学科兼有工具性和人文性，语言教学既是语言和文化知识的学习过程，又是语言技能和思维能力发展的过程，同时也是学生健全人格、良好品德和职业素养的发展过程。教师应通过教学鼓励学生勤于实践，勇于创新，塑造具有责任、诚信、正直、敬业、文明、爱国爱家、尊重他人、关心他人等优秀品质的高素质技术技能人才。

其次，教师将在准确把握学科核心素养内涵的基础上，关注教学对学生人文素养的培养。基于对中职英语课程更加全面的认识，教师在教学中将不会仅仅关注学生语言能力的培养，同时也会关注学生在语言学习过程中文化意识的培养及提升。教师会通过设计具有实践性的语言学习活动，增强学生的思维能力及文化理解能力，培养学生理解中外文化与行业、企业文化的能力，强化学生对中华优秀传统文化的认知与理解，提升学生运用英语讲述中国故事的能力，促进其文化理解和跨文化交际能力，加强学生的文化认同感及尊重与包容多元文化的能力。

三、英语课程将更好地服务学生专业发展，凸显职业教育特色

我国的职业教育脱胎于普通教育，因此，中等职业学校的课程体系建构也来源于普通教育。中职英语课程在课程目标、内容、教学实施与评价方面也与普通教育没有太大差异。中职英语的类型教育特点不鲜明。很多时候，教师与学生也很困惑英语课程与技术技能人才培养之间的关系是什么？因为目标不明确，学生学习动力不强，教师在教学中不能准确把握英语课程教育教学目标。英语课程在中职英语课程体系中一

直处于尴尬地位。《课程标准》强调英语课程虽然是公共基础课程，但是中职学校的英语课程应体现职业教育特点，服务高素质劳动者与技术技能人才的培养。因此，中职学校的英语课程与普通高中的英语课程存在显著差异。首先，《课程标准》延续了《教学大纲》规定的中职英语课程模块，即基础模块、职业模块、拓展模块。模块化的课程结构设计反映了我国职业教育发展特点以及中职学校学生多元发展需求。随着我国经济的发展，我国的经济结构不断调整，逐渐由劳动力密集型产业向知识型经济过渡，行业、企业对人才的要求不断提高，中等职业学校的毕业生难以满足行业用人要求。因此，就业不再是中等职业学校毕业生的唯一出路，升学、创业也逐渐成为中等职业学校毕业生进一步发展的选择。为适应学生多样化的学习需求，英语课程的设置也进行了相应调整，满足了中职学生更多元的发展需求。此外，中职英语学科核心素养强调了职场语言沟通能力的培养。与普通高中英语学科核心素养提出的语言能力不同的是，中职英语学科核心素养强调了在职业场景中运用语言进行交际的能力。将学生运用目的语进行交际活动的场景设定为职业场景，突出了职业教育的特点，明确了学生学习英语课程的目的。最后，中职英语教学强调通过语言实践，促进学生学科核心素养的发展。职业院校要为社会培养高素质劳动者与技术技能人才，这类人才需要具备较强的实践应用能力。对于语言的学习也更强调培养学生运用英语分析问题、解决问题及实施任务的能力，而非语言知识的识记或理解，因此，《课程标准》强调教师除了组织学生学习语言知识，还要关注为学生提供语言实践的机会，让学生在运用英语分析和解决问题或实施任务的过程中全面提升学科核心素养。由此可见，中职英语课程目标设定已经具备职业教育特点，更加符合技术技能人才培养的要求。在我国职业教育理论逐渐成熟的过程中，中职英语教育教学的探索也逐步深入，职业教育英语教学领域的研究者在借鉴国外教学理论的基础上逐步形成了素养本位的教学观，并在此基础上进一步优化了中职英语课程建设，使中职英语课程更加符合中职学生成长的需要，凸显了职业教育特点。

四、中职英语课堂教学将关注学科核心素养的培养

《课程标准》指出中职英语课程的目标是促进学生学科核心素养的发展。学科核心素养是在 2009 年版《教学大纲》提出的以培养学生语言运用能力为目标的课程理念的发展，中职英语教学将在关注学生语言能力培养的基础上，进一步探索能够促进学生职场语言沟通、思维差异感知、跨文化理解及自主学习等学科核心素养发展的教学模式。指向学科核心素养的中职英语教学将具备以下特点：

一是学科核心素养培养贯穿课堂教学始终。在《课程标准》指导下，教师将逐步认识到英语学科核心素养的培养是每节课都应实现的目标，而且，学科核心素养的培养不是某一个教学环节承担的教学任务，也不是教学开始或最终强调的教学标签，而是要扎扎实实地落实到教学的每个环节。教师在每节课都应围绕学科核心素养的发展确定具体教学目标、选择教学内容、设计教学活动，探索有效的教与学的方法，将学科核心素养的培养贯穿于课程的始终。

二是课堂教学将进一步落实以学生为中心的原则。在《教学大纲》推动下，“以学生为中心的理念”已经深入人心，大部分教师都已经认识到高质量的学生学习活动在教学中的重要作用。学科核心素养的培养更需要学生作为主体参与教学活动，充分地接触语言，体验与感知语言，并在主动实践中理解语言的意义。因此，在学科核心素养理念指导下，以学生为中心，发挥学生主体作用的课堂教学将进一步得到教师的理解与认同。教师将会更加充分地考虑学生的需求、兴趣和能力，针对学生的专业特点和英语水平，选择合适的教学内容、资源和学习材料，设计基于情境的语言实践活动，采用多样化的教学方法和手段，吸引学生主动参与学习，发挥学生的自主性，提高教与学的有效性。同时，教师还要帮助学生树立英语学习的自信心，帮助学生开展自我学习管理，积极参与学习进程。教师应加强对学生在语言学习活动中运用策略能力的培养，帮助学生有效运用语言学习策略和语言技能发展策略，同时让学生通过自主制定学习目标、监控学习进程、自我反思等来发展学生的自主学习和终身学习的能力，促进其未来职业发展和终身发展。

倡导以学生为中心的教学，关注全体学生的真实需求，尊重学生的差异性，依据学生不同的学习风格、学习经历、学习动机、学习兴趣、语言水平和学习能力，通过增加、删减、修改和调整等手段有效整合课程内容以满足学生的不同需求。采取多种不同的教学方法和教学模式，因材施教，为学生提供多样化的学习选择，使中职英语教学更加适应学生的个性发展需求，使每个学生都学有所得，让不同类型、不同层次的学生都能享受到学习的乐趣，体验学习的快乐。

三是课堂教学将更加注重语言活动的真实性与实践性。学科核心素养的培养要求为学生提供真实或接近真实的语言情境中运用语言的学习机会。因此，脱离生活实际，缺乏语言实践的学习活动难以促进学生学科核心素养的发展。要更好地培养学生的学科核心素养，教师就必须结合学生的日常生活和未来的职业发展，选择合适的语言材料，创设真实的、有意义的语言情境，基于语言活动所开展的主题或专题来设计教学活动，通过具有真实意义的交际任务激发学生的学习兴趣、学习动机、探究意识和合作意识等。教师应积极开展以学生为主体的语言实践活动，如项目式或任务式学习、探究式学习等活动，引导学生将所学知识用于真实问题的解决，丰富学生的学习体验。让学生在体验中学习、在体验中分享、在体验中收获，体验语言学习的快乐。

四是课堂教学将不仅关注学生对课程内容的学习与掌握，更关注学生的成长与发展。学科核心素养的提出体现了当前课程建设不再停留于帮助学习者学习课程内容，构建该课程的知识体系，而是强调了以人为中心，以人的发展为目的，通过课程学习促进学习者成为更好的人，实现更好地成长的理念。因此，当中职英语课程不再把课程目标设定在语言知识与技能的学习，而是促进学生学科核心素养的发展时，教师就必须转变以往的教学理念，不仅要关注学生现阶段的成长，更要着眼于学生的继续学习和终身发展，为他们的生活、学习和未来职业的可持续发展奠定基础。教师在教学中要有意识地指导学生学会学习，提升学生的自主学习能力和职业素养。教师要为学生搭建必要的脚手架，通过开展小组讨论、同伴互助、合作学习等活动，为学生提供学习支持和完成任务的策略、方式及评价手段，引导学生在完成任务的过程中，发展学生的思辨能力、创造力和问题解决能力。

五、中职英语学业评价体系将逐步建立并完善

《课程标准》首次明确了中职英语课程的学业要求，按照学生完成中职阶段英语课程学习及参加高等职业院校分类考试要求两个级别设定了两级学业要求。学业要求是根据课程目标，对学生学习结果所提出的质量要求，也是学生完成本课程学习后的学业成就表现。中职英语学业要求描述了学生在日常生活和职业情境中运用英语完成任务，解决问题的能力和表现，是中职英语教与学评价的依据。学业要求的明确，为实施学业评价或测试，监控教学与学习质量提供了基础条件。随着职业教育进入高质量发展阶段，社会对职业院校人才培养质量的期许也更高，如何提升学生的外语能力与学科核心素养也成为中职英语课程在新的历史时期必须面对的问题。《课程标准》在高质量发展背景下明确了中职英语课程的学业要求，即英语课程的学业质量标准，为建立中职英语学业质量评价体系，实施以《课程标准》为依据的中职英语课程质量监控，发挥评价对课程实施的激励与引导作用，实现以评促学、以评促教，促进中职英语课程改革的深化与质量提升提供了基础条件。

中职英语学业要求是以学科核心素养及其表现水平为主要维度，根据基础模块、职业模块和拓展模块的课程内容，对学生学业成就表现进行的总体描述，分为两个水平级别：水平一是学生学习基础模块与职业模块后应达至的最低要求，是学业水平合格标准；水平二是学习拓展模块后应达至的要求，也是高等职业院校招生考试命题的主要依据。依据《课程标准》建立的学业质量评价体系将体现《课程标准》的核心理念，即监控学生学科核心素养发展情况。因此，中职英语学业水平的评价将采用科学合理的评价方式和方法，对教学过程实施有效监控，对学习过程和效果进行适时检测，不断完善教学，促进学习，保证课程目标达成。据此，中职英语课程评价将具备以下特点：

一是评价以促进学生学科核心素养的养成为目标。评价具有检测功

能，但是评价的事实并不是仅仅为了检测学生的学习与教师的教学，其根本目的是通过检测发现问题，给予反馈，促进改善与发展。因此，中职英语课程将以《课程标准》提出的学科核心素养为目标，构建课程、教学、评价相统一的评价体系，着重对学生语言能力、文化意识、思维能力、学习能力等学科核心素养的发展情况予以评价，全面反映学生英语学科核心素养的发展状况和达至的水平。

二是学业水平评价应以学业要求为依据。学业水平测试是对学生完成课程规定内容学习后学习效果的检测，其目的是检测学生的学习是否达到了《课程标准》的要求。因此，学业水平评价为标准参照的评价，其参照的标准为《课程标准》规定的学业要求。因此，学业水平评价应基于课程目标，对学生在完成课程学习后是否获得了应具备的语言能力、思维能力、文化意识和学习能力进行评价。各地区、各学校要依据《课程标准》规定的相应学业要求实施学业水平评价，而非根据本地区或学校设定的教学内容或教学要求设定评价目标、评价内容。

三是测评者将采用多元的方式实施评价，形成对学生学科核心素养发展情况的客观判断。学科核心素养具有多维性、整体性及养成性等特点。因此，单一的评价方式很难全面客观地对学生的学科核心素养发展情况进行评价。《课程标准》建议教师应实施多元化评价。即在实施评价时应关注评价主体的多元。例如，评价时除了采用教师评价外，还可以将学生、行业企业专家等纳入评价活动中，作为主体参与评价。其中，应注重保障学生在评价中的主体地位，积极开展学生自评和互评，帮助学生养成自主评价的习惯。另外，评价设计还应体现评价方式的多元化。评价者应根据评价目标和内容的不同采用不同的评价方式，形成性与终结性评价相结合，定性与定量相结合，积极尝试与学生学科核心素养发展相一致的新型评价方式。形成性评价可以采用学习活动、检测表、电子档案袋等形式，积极探索表现性任务在形成性评价中的应用，促进深度学习和高阶技能的发展。终结性评价可采用实践任务、水平测试或学业测试等形式，提倡基于任务的真实性测试。基于英语学科核心素养的教学评价应以形成性评价为主，终结性评价为辅，既注重过程，又关注结果，通过过程的监控促成课程目标的达成。

六、信息技术与中职英语课堂教学将实现深度融合

随着信息技术的发展及学生学习方式的变化，中职英语教学也将不可避免地受到信息技术发展的影响，在教学形态、教学模式、教与学方式方法方面产生巨大变化。与信息技术刚出现时不同，随着人们对信息技术以及互联网背景下教育教学本质的认知更加深刻，人们对信息技术在教育教学中发挥的作用，以及信息技术与教学融合的方式都有了更冷静、更深入的考虑，促进信息技术与教育教学的深度融合。就中职英语教学而言，教师在英语教学中刚开始使用信息技术优化课堂教学效果时，更多的时候教师是播放音视频资源优化教学内容的输出方式，激发学生的学习兴趣。信息技术在学生学习过程中的应用以及在教学评价等方面的应用并不多，信息技术的辅教功能比较突出，助学及学习管理、教学评价等功能未能充分体现。《课程标准》针对信息化时代中职英语教学的发展，强调教师应主动适应信息社会背景下英语教学理念、教学方式、学习方式的变化，将信息技术与英语课程深度融合，有效实施中等职业学校英语课程的信息化教学。《课程标准》尤其强调了要充分运用信息技术，构建真实、开放、交互、合作的教学环境，引导学生开展主动、个性化的学习活动。这一要求凸显了信息技术在英语教学中的深度参与，例如，利用信息技术构建教学环境，通过信息技术的应用使中职英语教学更有利于学生主动学习，更好地发挥学生的主体作用以及通过建设多样化、多梯度的学习资源满足不同水平、不同风格学生的学习需求，更好地提高中职英语课堂教学质量。此外，《课程标准》还强调了要利用信息技术培养学生学习能力的功能。《课程标准》指出教师应鼓励学生以合作与协作的方式，利用各种媒介开展移动学习与基于网络资源的自主学习，提高学生的信息素养。所以，教师在教学中除了关注信息技术与课堂教学的深度融合优化教师教学的效果外，还应充分利用信息技术可以为人们创造泛在学习条件的特点，创设更多自主学习的机会，有效培养学生的自主学习能力及信息素养。

第二节

英语教师适应新形势下英语教学的建议

了解中职英语课程发展趋势以及课程改革对中职英语教学带来的影响，有利于教师充分认识面临的机遇与挑战，更好地应对当前中职英语课程改革。针对当前中职英语课程改革的新形势，提出以下建议供英语教师参考。

一、教师应深入学习《课程标准》，全面、准确理解《课程标准》的理念及要求

《课程标准》是新的历史时期中职英语教学改革的根本依据。只有准确理解《课程标准》的理念及要求才能找到中职英语教学改革的方向和正确的路径。不了解《课程标准》的要求而盲目地实施教学改革不仅不能在教学改革中取得良好的教学效果，还会导致一些教师教学与学生学习中的严重问题。例如，部分教师对《课程标准》提出的学科核心素养的意义理解不准确。虽然能够说出中职英语学科核心素养的内容，但却没有理解中职英语课程目标是培养学生的学科核心素养，教学中仍然按照三维目标进行教学设计，导致课堂教学不能达到《课程标准》要求。要适应新形势对中职英语课程的新要求，教师就要深入学习《课程标准》，全面、准确理解《课程标准》的理念及要求，以课程标准规定的课程目标、课程内容和教学要求、学业要求等作为教学实施的指导，开展教学设计与实施，提高课堂教学的科学性与有效性，切实促进中职英语课程目标的达成。

二、教师要切实重视学生在教学中的主体地位，正确把握教师教与学生学的关系

《课程标准》要求教师在教学中突出学生的主体地位，设计以学生为中心的教学活动，有效提高教学质量。《教学大纲》已经提出中职英

语教学应开展以学生为中心的教学活动。这一理念自《教学大纲》颁布以来已经深入人心。绝大部分教师都已经认识到课堂教学必须有学生主动参与的学习活动发生，才能实现有效教学。但是，通过观察课程教学，我们还是会发现在很多课堂中，虽然学生参与教学活动的机会多了，但这些活动并不是真正意义上的以学生为中心的学习活动，也没有充分发挥学生的主体作用，其本质仍然是教师为主体，学生在教师的提问、要求或指令下被动参与活动，有效的学习活动并没有发生。我们并不否认教师在教学中的重要作用，但语言学习需要习得与实践，不能仅靠教师讲授学会。因此，英语学习的关键还在于学生作为学习主体参与学习活动，感知、体验、实践应用，才能真正掌握语言。因此，教师还需要更深入地学习与理解教学理论，准确把握学生主体作用的内涵，在教学中创造更适合学生主体参与的学习活动，使学生获得更多大量接触语言、体验和感知语言，在语言实践活动主动使用语言，内化语言知识，发展语言运用能力，发展学科核心素养。

三、教师必须加强教育教学理论学习，提高自己的教学设计与实施能力

随着教育教学研究的发展，人们对教育教学的认识正在发生显著的变化。例如，人们曾经认为课程在教育教学中发挥的作用应该是帮助学生学习本课程的相关知识，构建本课程的知识体系，但是随着教育理念的更新，现在人们认为课程在教育教学中应发挥的作用是促进学生的全面发展，因此学生通过课程的学习不仅要学习课程的相关知识，还要在学习过程中形成正确的价值观念，必备品格与关键能力。就英语课程而言，人们对英语课程教学的研究也在不断地进步，针对当前我国教育的根本任务如何在英语教学中落实，也提出了一些行之有效的教学建议和方法，可以帮助教师解决《课程标准》引领下的英语教学改革。教师应积极参加相关培训，并通过自主学习的方式多方面了解英语课程教学研究的新进展、学习新的理论，积极实践新的教学方法，尽快适应新形势下中职英语课程教学改革的新要求。同时，为适应学科核心素养背景下

中职英语教学的挑战，教师除学习新的教育教学理论外，还应进一步提升自己对英语语言、英语国家文化的认识，尤其是要了解语言使用的变化，深化自己对语言功能、内涵及意义的理解，更准确地把握教学内容中蕴含的学科核心素养要素，设计符合学科核心素养要求的教学活动，提高教学质量。

四、教师应加强对行业、企业文化的了解，提升结合学生专业背景设计学习活动的能力

通过语言学习帮助学生形成在职场情境中运用语言进行交际的能力是中职英语的课程目标之一，也是中职英语课程区别与普通高中英语课程的显著特点。要培养学生在职场情境中运用语言的能力，仅仅靠抽象地学习语言知识、训练语言技能是不可能实现的。教师需要在教学中尽可能多地为学生创设在相关的语言学习情境，让学生感知职业场景中的语言交际活动的特点、内容、礼仪要求等，同时也要为学生提供在职业场景中进行语言实践的机会。如果不了解行业、企业的实际情况，教师就没有办法为学生提供相关的语言学习资源，没有能力创设具有职业特点的语言学习情境与学习任务。因此，中职学校的英语教师不仅需要具备较高的语言能力及语言教学素养，还需要了解行业、企业的相关知识与文化，从而设计和组织更符合学生专业背景的语言教学活动，服务学生的成长与发展。因此，教师应尽可能加强与学校专业教师的沟通与合作，了解学校开设专业的基本情况及学生专业实践活动的内容。同时，教师还可以利用假期或学校安排的企业实践机会，走到企业观察企业的真实运营状态，了解相关工作岗位的典型工作任务，搜集开发学习活动的教学素材，保障学习活动设计的真实性，突出中职英语教学的实践性特点。

参考文献

[1] Allwright R. L. What do we want teaching materials for? [J]. ELT Journal, 1981, 36(1): 5-18.

[2] Bachman, L. F. Language testing in practice[M]. Oxford: Oxford University Press.

[3] Cunningsworth, A. Choosing your Coursebook [M]. Shanghai: Shanghai Foreign Language Education Press, 2002: 8, 90.

[4] Ellis, R. (1997). The empirical evaluation of language teaching materials[J]. ELT Jounal. 51(1): 36-42.

[5] Faerch C. & G. Kasper (Eds.). Strategies in Interlanguage Communication[M]. London: Longman, 1983.

[6] LINACRE J M, WRIGHT B D. Reasonable mean-square fit values[J]. Rasch measurement transactions, 1994(3): 370-371.

[7] MISLEVY R J, ALMOND R G, LUKAS J F, et al. A brief introduction to evidence-centered design[R]. New Jersey. Educational Testing Service (ETS), Research Report, 2003: 3-16.

[8] RASCH G. Probabilistic models for some intelligence and attainment tests[M]. Copenhagen: Institute of Educational Research, 1960.

[9] Savignon, S. J. Communicative Competence: An Experiment in Foreign Language Teaching[M]. Philadelphia: Centre for Curriculum Development, 1972.

[10] 柏毅，吕泽恩．美国教育评估系统的ECD模型[J]．教育测量与评价，2016（01），35–39.

[11] 程晓堂．英语学科核心素养及其测评[J]．中国考试 2017（05）：7–14.

[12] 程晓堂．英语教材分析与设计[M]．北京：外语教学与研究出版

社，2002.
[13] 崔允漷．凝练了每一门学科的核心素养[J]．云南教育，2018（02），30.
[14] 崔允漷．普通高中课程标准修订——聚焦立德树人，凝练学科核心素养[J]．教育家，2018（03）：26–27.
[15] 崔允漷．素养本位的单元设计，助力各国进入“素养时代”[J]．上海教育，2021（32）：22–25.
[16] 褚宏启．核心素养的概念与本质[J]．华东师范大学学报（教育科学版），2016（01），1–13.
[17] 冯翠典．“以证据为中心”的教育评价设计模式简介[J]．上海教育科研，2012（8）：12–16.
[18] 付宜红．开创新时代中国特色课程教材新局面——访课程教材研究所所长、教育部基础教育课程教材发展中心主任田慧生（2022-4-29）http://www.cbec.cn/html/2019/recommend_1224/61.html
[19] 龚亚夫．英语教育的价值与基础英语教育改革[J]．外国语，2014，37（6）：18–19.
[20] 郭洪瑞，张紫红，崔允漷．试论核心素养导向的综合学习[J]．全球教育展望 2022，51（05）：36–48.
[21] 谷志忠．专门用途英语课程教学设计研究[D]．上海外国语大学，2010.
[22] 胡加圣．基于范式转换的外语教育技术学学科构建研究[D]．2013.
[23] 胡壮麟，陈中竺，赵扬．肯定成绩，总结经验，提高教材评估工作的科学性——记全国高校英语专业教材评估会议[J]．外语界．1995（1）：11–16.
[24] 胡文仲，孙有中．突出学科特点，加强人文教育——试论当前英语专业教学改革[J]．外语教学与研究，2006（05）：243–247.
[25] 黄大勇．语言测试中的真实性概念[J]．语言教学与研究，2004（02）.
[26] 教育部．中等职业学校英语课程标准[M]．北京：高等教育出版

社，2020.

[27] 教育部．中等职业学校英语教学大纲[M]．北京：高等教育出版社，2009.

[28] 教育部．普通高中英语课程标准[M]．北京：人民教育出版社，2018.

[29] 教育部．全面深化课程改革落实立德树人根本任务的意见[Z]．（2014-03-30）．http://www.moe.gov.cn/srcsite/A26/jcj_kcjcgh/201404/t20140408_167226.html

[30] 教育部．高等学校课程思政建设指导纲要[Z]．（2020-5-28）．http://www.moe.gov.cn/srcsite/A08/s7056/202006/t20200603_462437.html

[31] 康淑敏．信息化背景下的教学方式变革研究[J]．教育研究，2015，（6）：96–102.

[32] 李贺玲，施立平，张玉美．语篇分析与英语阅读研究综述[J]．继续教育研究，2021（09）：102–104.

[33] 李久亮．Rasch模型在中国应用研究回顾[J]．广东外语外贸大学学报，2016（2）：73–78.

[34] 李艺，钟柏昌．谈“核心素养”[J]．教育研究，2015（09）：17–23.

[35] 联合国教科文组织总部中文科．教育：财富蕴含其中[M]．北京：教育科学出版社，1996.

[36] 林崇德．中国学生核心素养研究[J]．心理与行为研究，2017，15（02）：145–154.

[37] 林崇德．21世纪学生发展核心素养研究[M]．北京：北京师范大学出版社，2016.

[38] 刘桂英．湖北省高中生化学学科核心素养现状研究[D]．武汉：华中师范大学，2020.

[39] 刘海霞．行业英语教材评价指标体系构建[J]．职业技术教育，2018（2）：59–62.

[40] 刘磊．建构中国学生的核心素养[J]．中国德育，2016（01）：22–25.

[41] 刘利民．跨文化交际的哲学理解与外语教学中的文化传授[J]．语

言教育，2016，4（1）：2-7.
[42] 刘义民．国外核心素养研究及启示[J]．天津师范大学学报，2016（17）：71-76.
[43] 柳夕浪．从“素质”到“核心素养”——关于“培养什么样的人”的进一步追问[J]．教育科学研究，2014（03）：5-11.
[44] 罗凯洲，韩宝成．国才考试的构念界定、任务设计与评分方法[J]．中国外语教育，2018（1）.
[45] 梅德明，王蔷．改什么？如何教？怎么样考？高中英语新课标解析．北京：外语教学与研究出版社，2018.
[46] 裴新宁，刘新阳．为21世纪重建教育——欧盟“核心素养”框架的确立[J]．全球教育展望，2013，42（12）：89-102.
[47] 施久铭．核心素养：为了培养“全面发展的人”[J]．人民教育，2014（10）：13-15.
[48] 孙方，苏仰娜，朱永海．数字化教学资源的设计新视角：从知识加工到教学活动支持[J]．现代教育技术，2013（3）：50-54.
[49] 汤青，周杰．英语教育教学评价：理念导向、实践痛点与化解之策[J]．中国教育学刊，2023（08）：35-40.
[50] 田慧生．新课改，改什么？怎么改？[J]．今日教育．2019（04）：38-41.
[51] 王扬南．全面把握中等职业学校公共基础课程标准的背景和意义[J]，中国职业技术教育，2020（17）：5-9.
[52] 王蔷，孙薇薇，蔡铭珂，汪菁．指向深度学习的高中英语单元整体教学设计[J]．外语教育研究前沿，2021，4（01）：17-25.
[53] 王蔷，钱小芳，周敏．英语教学中语篇研读的意义与方法[J]．外语教育研究前沿，2019，2（02）：40-47.
[54] 韦晓阳．深化三教改革时代教材建设的实践与探索[J]．中国职业技术教育，2020（5）：84-87
[55] 杨莉芳．融合思辨能力与跨文化交流能力的语言测试任务设计——以“国际人才英语考试”为例[J]．外语界，2018（2）：49-56.
[56] 杨俊锋，余慧菊．教育主体的变革：国外“数字一代学习者”研

究述评[J]. 比较教育研究，2015，（7）：78–84.
[57] 杨向东. 指向学科核心素养的考试命题[J]. 全球教育展望，2018（10）：39–51.
[58] 余文森. 论核心素养导向的三大教学观[J]. 当代教育与文化，2019（02）：62–66.
[59] 袁建林，刘红云. 核心素养测量：理论依据与实践指向[J]. 教育研究，2017（7）：21–28.
[60] 辛涛，姜宇，林崇德，师保国，刘霞. 论学生发展核心素养的内涵特征及框架定位[J]. 中国教育学刊 2016（06）：3–7.
[61] 辛涛. 学业质量标准：连接核心素养与课程标准、考试、评价的桥梁[J]，人民教育，2016（19）：17–18.
[62] 徐国庆. 工作知识：职业教育课程内容开发的新视角[J]. 教育发展研究，2009，（11）：59–63.
[63] 张娜. DeSeCo 项目关于核心素养的研究及启示[J]. 教育科学研究，2013（10）：39–45.
[64] 张娜. 联合国教科文组织的核心素养研究及其启示[J]. 教育导刊，2015（07）：93–96.
[65] 张秋会，王蔷. 浅析文本解读的五个角度[J]. 中小学外语教学，2016，39（11）：11–16.
[66] 赵雯，梁玫. 以能力为本位的《中等职业学校英语教学大纲》——基于文本的课程分析[J]. 中国外语，2009，6（03）：7–13.
[67] 赵雯，刘建达. 大学外语课程思政教学指南内容重点研制与阐释[J]. 外语界，2022（03）：12–19.
[68] 郑新蓉，卜卫等著. 学会求知：中学生成功的8堂必修课[M]. 北京：北京出版社，2006.
[69] 钟启泉. 课程与教学论[M]. 上海：华东大学出版社，2008.
[70] 钟启泉. 教师：课程与教学的设计者[J]. 基础教育课程，2017（19）：86–87.
[71] 晏子. 心理科学领域内的客观测量——Rasch模型之特点及发展趋势[J]. 心理科学进展，2010（18）：1298–1305.

[72] 张洁. 语言测试研究中的多层面Rasch模型——原理简介和研究综述[J]. 外语测试与教学，2014（3）：50–59.
[73] 张云河. 职业教育教材建设的三维图景阐释[J]. 中国职业技术教育，2019（32）：45–52.
[74] 赵详麟，王承绪编译. 杜威教育论著选[M]. 上海：华东师范大学出版社，1981：89–90.
[75] 钟苇迪. 数据驱动的核心素养评价：本源、困境与破局[J]. 中国电化教育，2022（12）：35–43.
[76] 马桂香，邓泽民. 我国职业教育教材研究40年综述[J]. 职教论坛，2019（10）：57–64.
[77] 祝智庭，管珏琪. 教育变革中的技术力量[J]. 中国电化教育，2014（01）：1–9.
[78] 庄智象. 构建具有中国特色的外语教材编写和评价体系[J]. 外语界，2006，（6）：49–56.